民國歷史與文化研究

八 編

第 **3** 冊

中日戰爭期間的葡澳政府（1931～1945）

黃瑛祺 著

花木蘭文化事業有限公司

國家圖書館出版品預行編目資料

中日戰爭期間的葡澳政府(1931～1945)／黃瑛祺 著—初版
—新北市：花木蘭文化事業有限公司，2018〔民107〕
目 2+138 面；19×26 公分
（民國歷史與文化研究 八編；第 3 冊）
ISBN 978-986-485-493-6（精裝）
1. 外交史 2. 中華民國外交
628.08   107011553

ISBN- 978-986-485-493-6

9 789864 854936

民國歷史與文化研究
八 編 第 三 冊
ISBN：978-986-485-493-6

中日戰爭期間的葡澳政府（1931～1945）

作　　者　黃瑛祺
總 編 輯　杜潔祥
副總編輯　楊嘉樂
編　　輯　許郁翎、王　筑　美術編輯　陳逸婷
出　　版　花木蘭文化事業有限公司
發 行 人　高小娟
聯絡地址　235 新北市中和區中安街七二號十三樓
　　　　　電話：02-2923-1455／傳眞：02-2923-1452
網　　址　http://www.huamulan.tw 信箱 hml810518@gmail.com
印　　刷　普羅文化出版廣告事業
初　　版　2018 年 9 月
全書字數　115431 字
定　　價　八編 10 冊（精裝）台幣 18,000 元

中日戰爭期間的葡澳政府（1931～1945）

黃瑛祺　著

作者簡介

　　黃瑛祺，1990 年 1 月 29 日出生於澳門，高中求學時對台灣文化產生濃厚興趣，決心來台升學。在國立師範大學僑生先修部體驗一年台灣生活，從小對歷史文化和考古感興趣，喜歡參觀博物館，深入了解文化和歷史，並以此興趣作為選取自願方向。成功分發國立暨南大學歷史系，完成四年大學教育，順利升上國立中興大學歷史所。

　　因生長環境的關係，因此對澳門在抗戰時期的發展歷程有濃厚的興趣。認為作為一個國民和歷史系學生，有責任把當時的歷史真相呈現出來。

提　　要

　　澳門是葡萄牙政府的海外殖民地，中日戰爭爆發，國民政府無暇處理澳門問題，葡萄牙政府為了自身利益，宣佈「中立」身份。葡萄牙政府懼怕中國或日本因戰爭而乘機佔領澳門，授予葡澳總督權力，並受葡萄牙法律的保護。

　　葡澳政府面對中日兩方的勢力，一方面受到日本的壓力，為求自保而漸漸傾向日本，引起各方的不滿和猜疑；另一方面又懼怕此作為觸發中方和同盟軍，故其在中日之間互相交涉表明自己的立場。戰爭後期，由於盟軍的加入，日本節節敗退。葡澳政府懼怕戰爭結束後，國民政府提出收回澳門，此時葡澳政府又傾向中方，與其合作通緝藏匿在澳門漢奸，引渡回中國公審，以此作為保障自身的手段。

　　葡澳政府因應時局變化，採用不同政策化解危機，在面對中國、日本的壓力，透過各種外交政策，以及建立「中立」身份游移在他們之間以保障自身利益。

謝　辭

　　在短短碩士三年，認識了許多朋友，將要離開台灣，心裡有許多不捨和值得留念的回憶。

　　首先感謝我的指導教授李君山老師，在論文撰寫期間給予教導與督促。感謝中正歷史系楊維眞老師，政大歷史系劉維開老師，中興歷史系李君山老師在百忙之中抽空前來指導筆者口試，給予許多寶貴意見和指正。

　　在學期間，感謝系上提供舒適和諧的空間，研究室學長姐、同窗，學弟妹彼此間情誼是最值得回憶，感謝同門致廷學長、昱瑋學長在我碩一、二時給予的教導與照顧。在碩三時，特別感謝系上宛靜助教細心提點；佳宜助教場所提供練習；淑鈴學姐、仁馨學姐、秀華學姐組織讀書會互相勉勵，互相傷害；桂梅學姐核對錯別字；同窗好友午宸、昱賢、芳羽共同成長；momo 書童的陪伴。

　　最後感謝支持與關心我的家人，讓我在求學過程中，沒有後顧之憂，讓我順利畢業。

目次

表目錄

圖目錄

第一章　緒　論

第一節　研究動機

　　澳門位於珠江三角洲出海口一側，地域狹小，地理位置相當特殊，三面臨海，與廣東省中山縣相連，自明朝中後期以來，沒有受到中國的直接統治。當初葡萄牙希望像非洲和印度一樣，把澳門變成爲在遠東的海外殖民地。15世紀，葡萄牙航海家阿爾布爾克（Afonso de Albu-querque）指出中國是絲綢、瓷器、麝香、大黃、珍珠、樟腦、明礬等出口國，吸引葡萄牙王室進入東亞的市場。關於澳門開埠、葡萄牙人正式進住澳門，中國、葡萄牙和其他國家的文獻有不同說法。中國學者偏向 1553 年（明嘉靖 32 年）到達澳門，〔註1〕葡萄牙商人因船遇到風暴，貨物被水浸濕爲由要求借地晾曬貨物。自此，葡萄牙人正式登陸澳門。葡萄牙學者偏向 1557 年，從明政府取得居留權。〔註2〕但在其他史書仍有不同說法。1945 年或 1543 年左右，日本因長期內戰，出現大量倭寇不斷騷擾中國沿海，中國中止與日本貿易。但日本需要大量中國的絲綢。同時，日本列島有許多銀礦，是中國最需要的。葡萄牙商人把握住這商機，成爲中日貿易的中間人，連接馬六甲與中國、日本港口。貿易主要貨物是馬來群島的胡椒，用以交換中國的絲綢，再以中國絲綢交換日本的白銀，

〔註1〕李福麟，《一位新聞工作者的記詳──澳門風雲史話》（台北：中央通訊社，2002 年），頁 85。

〔註2〕吳志良，金國平，湯開建，《澳門史新編》（第一冊）（澳門：澳門基金會，2008 年 11 月），頁 49。

再用白銀購買絲綢。經商多數都是私人商人，也有葡萄牙王室的船隻。馬六甲到日本航程遙遠，需靠季風，困難甚多，需要在廣東沿海有一個中途站。

　　1554 年，商船船長索薩（Leonel de Sousa）和廣東官員訂立協議，貿易集中地爲浪白滘（白浪）。居住在澳門的葡萄牙人被視爲中國皇帝的臣民身份，必須服從和接受廣州政府的管轄，每年繳納貢銀 500 兩爲租借金。〔註 3〕葡萄牙商人以不方便停泊爲由，遷到澳門。澳門發展迅速，成爲商業重鎮，葡萄牙王室發現澳門有重大戰略地位。〔註 4〕1583 年，居住在澳門葡萄牙商人在耶穌會的鼓勵下，成立澳門議事會，進行自治。直到 1616 年，卡洛告（Francisco Lopes Carrasco）被任命爲澳門首任葡澳總督（簡稱澳督，Governador de Macau），但沒有就任。1623 年 7 月 7 日，馬士加路也（D. Francisco Mascarenhas）被任命下一任澳督，只負責澳門防務問題，沒有自治權，在行政方面隸屬於葡印總督。

　　葡萄牙與澳門遠隔重洋，以葡萄牙的兵力，是無法用武力奪取澳門。所以表面上，葡萄牙對中國在澳門的官員，都予一定的服從和尊重，但事實上卻是一直想擴張澳門的領土。澳門一直沒有明確的領土範圍，葡萄牙希望把氹仔島、路環、大小橫琴島和灣仔都列入澳門領土。中葡雙方沒有達成共識，時常因劃界發生糾紛。

　　直到鴉片戰爭，清政府被英國遠征艦隊擊敗，被迫簽訂《南京條約》，香港割讓給英國。英國的成功，引起葡萄牙對澳門的野心，開始擴張澳門的邊界。澳督邊度（Adrião Acáio da Silveira Pinto）知道英國獲得貿易優惠，其他列強（法國和美國）也享有最惠國待遇，1842 年 12 月向葡印總督安塔斯伯爵（Condedas Antas）求援，要求葡印總督允許，與欽差大臣耆英進行談判。然而遭到耆英拒絕，認爲澳門除了商業問題外，葡萄牙與中國兩國之間沒有任何可談的問題。〔註 5〕

　　葡萄牙試圖改變澳門局部自治權，1844 年 9 月 20 日，葡萄牙女王唐娜·瑪麗亞二世（D. Maria II）敕令澳門成爲葡萄牙遠東地區海外殖民地通過王室委任的總督，干預澳門事務，使澳門直接聽命於葡萄牙政府。〔註 6〕1845

〔註 3〕李福麟，《一位新聞工作者的記詳——澳門風雲史話》，頁 97。
〔註 4〕吳志良，金國平，湯開建，《澳門史新編》（第一冊），頁 21～25。
〔註 5〕吳志良，金國平，湯開建，《澳門史新編》（第一冊），頁 199。
〔註 6〕吳志良、婁勝華、何偉傑，《中華民國專題史（18）——革命、戰爭與澳門》
　　　　（南京：南京大學出版社，2015 年 3 月），頁 1。

年 11 月 20 日，葡萄牙國務會議決議在澳門設立自由港，女王唐娜·瑪麗亞二世頒佈《海外省法例》，由海事及海外部部長法爾康（Joaquim Jose Falcao）宣佈澳門為自由港，「澳門所有的港口，包括內港、氹仔、路環外港，成為可向世界各國通商的自由港，並可推銷、儲存和經營任可性質的貨物。……以任何國家的名義在上述的港口進口的所有貨物，絕對免入口稅。」〔註 7〕目的是要拆除在澳門的中國海關，確保澳門及其貿易的獨立性。

　　1846 年 4 月 21 日，澳督亞馬留（João Ferreira do Amaral）上任，結束澳督和議事會間的權力之爭，獨攬澳門的統治權，並拒絕向清政府繳交地租約。1864 年，《中葡和好貿易條約》雖未簽訂成功，無法獲得主權的政治地位，但葡萄牙大致已控制澳門。直到 1887 年 3 月 26 日，澳督代表羅沙（Tomás de Sousa Rosa）和葡萄牙外交大臣巴羅果美（Henrique de Barros Gomes）草擬《中葡里斯本草約》，12 月 1 日，在北京正式簽署《中葡和好通商條約》，清政府同意葡萄牙永駐管理澳門，未經清政府同意，不可轉讓其他國家，約期為 40 年。

　　1928 年舊約到期，國民政府外交部部長王正廷與葡萄牙駐中國大使畢安祺（João Antonia de Bianchi）在南京簽署新的《中葡和好通商條約》，內容主要是關稅和雙方人民司法權歸屬問題，卻沒有提及澳門主權和地位的問題。之後，國民政府不斷與其他列強簽署和修改條約，葡萄牙政府始終拒絕，是不願放棄舊約中「葡萄牙永據統治澳門的特權」，〔註 8〕條約沒有被廢除，條約效力還在。

　　在葡萄牙政府的全力支持下，歷屆澳督不遺餘力地強化總督的權力。隨著局勢改變，葡澳政府採用不同的態度。葡萄牙駐中國的領事們，十分關心日軍在中國的侵華行動。中日戰爭的初期，葡澳政府保持中立的態度，廣州淪陷；日軍逼近澳門；1941 年 12 月太平洋戰爭爆發，日軍南進，香港淪陷，澳門成了在東南亞地區唯一未被日本佔領的「孤島」。葡澳政府出於自保和免受日軍佔領的考量下，與日本簽定保密協定，允許日本在澳門設立領事館；因應日本政府的要求，限制和打擊在澳門境內的抗日救亡團體；縱容和庇護汪偽政府的漢奸，以求建立雙方友好關係。

〔註 7〕查灿長，《轉型、變項與傳播：澳門早期現代研究（鴉片戰爭至 1945 年）》（廣州：廣東人民出版社，2006 年 1 月），頁 238。
〔註 8〕黃慶華，《中葡關係史（1513～1999）》（下冊）（黃山書社，2006 年 3 月），頁 1028。

　　由於葡萄牙母國在第二次世界大戰採取中立政策，日軍炮火未波及澳門，但多次向葡澳政府挑釁。日本要攻佔澳門是一件輕而易舉的事。澳門可以倖免，是因為有葡萄牙的庇護，葡澳政府的「中立」也並不是真正的「中立」。大部分的學者都偏向以下三個論點：

　　（一）由於巴西日僑問題，日本受到葡萄牙政府的牽制。因日本在巴西約有一百多萬僑民，巴西曾是葡萄牙的殖民地，同為葡語國家，現與葡萄牙是友好關係。日本如威脅到葡萄牙遠東殖民地澳門的「中立」，巴西極有可能將一百多萬日本僑民驅逐。不過，南太平洋的帝汶島也是葡萄牙殖民地，但日本即佔領帝汶島。故日本學者宜野座伸治澄清，在太平洋戰爭時期，日本人移民巴西已有半個世紀，其中大部分已歸化巴西籍。巴西雖然與葡萄牙是友好關係，但都不會為了葡萄牙遠東的殖民地澳門，作出驅逐自己公民的舉動。〔註9〕

　　（二）1941年，日本橫掃東南亞，香港、泰國、馬來西亞、新加坡等地都無一幸免，唯獨澳門沒有受日本入侵，緣因澳門地方很小、很弱，對日本沒有威脅性。日本佔領香港，擁有大量的黃金、港幣等，英美盟軍對日本制裁，日本沒有地方可以做生意，澳門是「中立」，可以自由買賣。因此，在其他佔領地蒐括大量外幣，到澳門購買大量戰略物資。

　　（三）日本和葡萄牙兩國有龐大的野心，可互相利用。學者黃啓臣、黃鴻釗以「澳門遠離重慶政府，以日本和新中國政府（偽政權）共維邦睦」，〔註10〕談到日本利用澳門「中立」，可以蒐集國民政府和英、美同盟國的情報。在太平洋戰爭爆發前，1939年兩國簽訂保密的《日葡澳門協定》，日方承諾不會佔領澳門，主要看中澳門可以作為東方摩洛哥「卡薩布蘭卡」的戰略價值。葡萄牙可以長期佔領澳門，或佔領與澳門相鄰的大小橫琴等地，擴大在遠東地區的殖民地。

　　這些論點引起了我的好奇心。筆者為澳門僑生，因生長環境的關係，對澳門在抗戰時期的發展歷程有濃厚的興趣。希望透過研究，了解當時葡澳政

〔註 9〕（日）宜野座伸治，〈太平洋戰爭時期的澳日關係──關於日軍不佔領澳門的初步考察〉，《澳門研究》（第 5 期）（澳門：澳門基金會，1997 年 1 月），頁 76～84。

〔註 10〕黃啓臣，《澳門通史──遠東──1998》（廣東：廣東教育出版社，1999 年 5月），頁 378～379。黃鴻釗，《澳門史》（福建：福建人民出版社，1999 年 11月），頁 361。

府在外交上態度；又如何在不同時期，展現出親中國、親日本或「中立」的不同立場。筆者認為作為一個國民和歷史系學生，有責任把當時的歷史真相呈現出來。因就讀台灣的大學，經常到國史館、中研院找資料，過程中發現不少有關葡萄牙政府和葡澳政府的外交檔案，希望在零碎的研究基礎上，寫好抗日戰爭時期這段澳門史。

第二節　研究回顧

澳門本地有關抗日戰爭時期澳門研究的專書並不多，偏向當地中文報紙《華僑報》和《大眾報》、民間團體的記錄和口述歷史等資料，蔡珮玲的《口述歷史：抗日戰爭時期的澳門》，是比較呈現出當時澳門居民在抗戰期間的所見所聞，欠缺學術性；傅玉蘭的《抗戰時期的澳門》以老照片方式呈現出當時的生活百態；黃慰慈的《濠江風雲兒女》以「澳門四界」抗日團體為研究對象，他們如何救國的活動宣傳、對中國抗戰的人力支援等抗戰的血淚史。民間團體的記錄；澳門鏡湖醫院的《鏡湖醫院徵信錄》、澳門同善堂的《同善堂藥局徵信錄》等大多數都是抗戰期間募捐經費摘錄。

相反的，中外人士對澳門歷史十分關注和研究，特別葡萄牙學者對澳門史十分深入研究，原因大多數資料來源都是葡萄牙語和英語，先後出版較為重要的著作，已被翻譯為中文，分別有通史類、史料類。通史類：（澳）杰弗里・C・岡里（Geoffrey C.Gunn）的《澳門史 1557～1999》、（葡）施白蒂（Beatriz Basto da Silva）的《澳門編年史 1900～1949》,《澳門編年史・二十世紀》、（葡）古萬年（Custódio N. P. S. Cońim）的《澳門及其人口演變五百年（1500～2000年）——人口、社會及經濟探討》等。史料類：（葡）莫嘉度（Vasco Martins Morgado）的《從廣州透視戰爭：葡萄牙駐廣州總領事莫嘉度關於中日戰爭的報告》引用葡萄牙駐廣州總領事莫嘉度外交報告，〔註 11〕報告中有關日本侵略中國罪行的揭露、葡萄牙政府對其海外殖民地「澳門」的指示，以及國際

〔註11〕 葡萄牙駐廣州總領事莫嘉度（Vasco Martins Morgado）在 1938 年 2 月至 1939年 5 月所撰寫的政治報告，大多數都是莫嘉度的所見所聞，或者是透過其他領事館成員的可靠情報，經過親自考證，才撰寫入報告。原庋藏葡萄牙外交部歷史—外交檔案館，廣東領事館檔（Arquivo Consulado de Cantao）。中譯本見：（葡）莫嘉度，《從廣州透視戰爭：葡萄牙駐廣州總領事莫嘉度關於中日戰爭的報告》（上海：上海社會科學學院出版社，2000 年 11 月）。

間關係等多方面資料。（葡）施利華（Antonio de Andrade e Silva）的《戰時我在澳門的日子》是透過書中主角塞格拉（Afonso Sequeira）被委任爲澳門衛生局主任，自己的所見所聞，有關非戰區澳門如何在葡澳政府容忍克制的外交政策下生存。〔註12〕（葡）日諒 Dias，《上海葡裔難民在澳門 1937～1964》，記錄葡澳政府如何幫助在上海遭難的葡人等。中國學者對澳門史研究相當有成就，通史類：黃啓臣的《澳門通史——遠古——1998》，鄧曉的《粵港澳近代關係史》，查灿長的《轉型、變項與傳播：澳門早期現代研究（鴉片戰爭至1945 年）》、左雙文的《華南抗戰史稿》等。史料類：廣東省政協文化和文史資料委員會的《廣東文史資料精編》（上編）第一卷「民國時期政治篇」，中國社會科學院近史研究所的《中葡關係史資料集》、黃慶華的《中葡關係史（1513～1999）下冊》等。

　　澳門回歸中國後，澳門特別行政區開始注重澳門在抗日戰爭期間的歷史，在《澳門研究》先後刊登中外有關澳門抗戰相關的論文；黃鴻釗的〈有關抗日戰爭後收回澳門的問題〉，莫世祥的〈抗日時期的中葡交涉—蔣介石與國府高層處理澳門事項的內幕透視〉，林發欽的〈口述歷史視野下抗戰時期的澳門社會〉等。在《文化雜誌》（中文版）刊登有關澳門抗戰相關的論文，如黃鴻釗的〈抗日烽火中的濠江兒女〉，婁勝華的〈澳門救亡賑難社團的興盛與轉折價（1931～1945）〉等。

　　在抗日戰爭勝利 70 周年，澳門特別行政區與中央人民政府駐澳門特別行政區聯絡辦公室、澳門大學、澳門理工學院、澳門中央圖書館、澳門口述歷史協會等舉辦相關照片展覽、講座，目的推動澳門歷史教育，有《中華民族護我河山和澳門人民支持抗日戰爭勝利 70 載回顧圖片展》、《紀念抗日戰爭勝利 70 圖片展》、《紀念中國人民抗日戰爭暨世界反法西斯戰爭勝利 70 周年展覽》，大多數展示有關抗戰期間澳門居民的艱苦生活，社會各階層如何團結抗日救亡活動的珍貴圖片。澳門日報爲慶祝 70 周年，7 月期間逢周二刊出《澳門與抗日戰爭》特刊。澳門理工學院中西文化研究所與中華教育會合作發佈 3本澳門抗戰期間的專書，林發欽、江淳的《平民聲音：澳門與抗日戰爭口述歷史》訪談 50 多名在澳門親身經歷「風潮」時期的老人，透過他們集體回憶，提供一個眞實抗戰時澳門社會生活面貌；林發欽、江熹的《孤島影像：澳門

〔註12〕　（葡）施利華（Antonio de Andrade e Silva）本未完成的實體小說著作，後來
　　　　　1991 年由澳門文化學和海事博物館出版，事例完全眞實，沒有虛構。

與抗日戰爭圖志》採用大量澳門與抗日戰爭期間的生活照片和影像，講述澳門同胞參加抗戰的動人故事，而及在澳門抗日救亡活動；溫學權、楊珮欣的《會史留聲：澳門中華教育會口述歷史》訪談 15 名教育工作者在澳門抗戰期間的教育血淚史。

第三節　研究綱要

就以上所述各論著爲基礎，筆者首先，從澳門與抗日戰爭相關的史料和書籍作簡單篩選和分析；其次搜尋當時相關報紙作補充，再透過電子資料庫搜尋相關的論文和期刊作參考；再到國史館和中央研究院尋找國民政府對澳門的外交資料；亦曾到廣東中山大學、暨南大學圖書館尋找相關資料；香港歷史檔案大樓和澳門歷史檔案館也提供資料上的協助。

本文分爲五個章節，第一章爲緒論，說明爲何選擇研究這題目和對此領域的研究作一個簡單敘述。

第二章介紹葡萄牙母國在太平洋戰爭中「中立國」的立場，以及葡萄牙與日本之間的關係。在七七事變後，中日全面開戰，，而令澳門成爲戰場上唯一的「孤島」。葡萄牙爲避免激怒中國或日本任何一方，又如何展開一系列的外交活動。

第三章爲抗戰期間，葡澳政府已表明中立，澳門與香港相鄰，害怕日本總有一天會攻佔澳門，默許日本派漢奸和特務來澳門進行各種走私和不法的活動。日本佔領各地，以搜刮物資來支援戰爭爲由，強迫疏散沒有工作和居所的人出境，澳門作爲當時唯一個避難所，當 1938 年廣州淪陷、1940 年中山淪陷和 1941 年香港淪陷時，大批難民不斷湧入，令澳門人口驟增。葡澳政府面臨龐大的難民潮，日常生活所需品都依靠中國內地供應和運輸，日軍因對戰爭需要，全面封鎖全部海岸線，截斷國內外對中國抗戰的援助，使澳門物資嚴重短缺。葡澳政府爲了拉攏日本，打壓當地民間團體和報社，嚴禁宣傳和報導有關日本負面的消息，以讚揚方式宣傳日本的大東亞共榮圈。

第四章爲抗戰勝利，中國以勝利國的姿態，收回在甲午戰爭中割讓給日本的台灣和澎湖，以及列強在中國的全部租界和租借地。葡萄牙曾在抗戰期間拉攏日本，害怕中國會收回澳門，希望透過外交的手法與中國談判。蔣介石宣佈不會用武力收回香港，但未提及收回澳門問題。中國民眾則希望國家

領土可以完整，但香港依舊被英國佔領，葡萄牙也未歸還澳門，因此掀起一股收回香港和澳門熱潮。

　　第五章爲結論，總結出在中日戰爭中，葡澳政府擔當什麼的角色，產生的影響與歷史意義，與前面章節作出一個簡單的總結和反思，藉此釐清葡澳政府在列強間的生存之道。

第二章　葡澳政府外交政策

　　1928 年，中國與葡萄牙在「絕對和平和互相尊重主權的基礎上」，簽訂《中葡友好通商條約》，〔註 1〕是葡萄牙與國民政府建立正式外交關係的開始。但葡萄牙還是避開歸還澳門主權的問題，視為葡萄牙海外殖民地的一部分，繼續對澳門進行殖民統治；且多次對灣仔和大小橫琴島擴張，侵犯中國的土權，國民政府外交部也向葡澳政府提出抗議。

　　1931 年，九一八事件爆發，日本大舉侵略中國東北，中國方面並沒有時間處理澳門主權的問題。葡萄牙政府為了加強海外殖民地的主權，授予澳督在澳門最大的權力；同時考慮自身利益和遠東的軍事力量，面對中日間衝突，作出「中立」立場的外交政策。1937 年 7 月 7 日，盧溝橋事變，雖然因戰區遠在北平地區，未有波及，在各方都依賴中國華南地區的考慮下，澳門跟隨葡萄牙宣佈「中立」，但在周圍炮火紛飛的環境下，在某程度上雖是可以免受炮火的侵襲，仍無法完全免受戰爭的影響。

　　直到 1938 年 10 月廣州淪陷，1940 年 3 月中山淪陷，1941 年 12 月香港淪陷，葡澳政府懼怕日軍的勢力，澳門軍事力量無可抵抗日軍，為求「自保」，只能向日方示好，不干涉日軍在澳門和附近地區的行為。1944 年，隨著盟軍的加入，日方在中國戰區節節敗退，華南地區的中山游擊隊和國軍日漸強大，葡澳政府害怕戰爭結束後，國民政府要求收回澳門主權，又積極與國民政府聯絡，並與日方劃清界線。可參照關係示意圖 2-1、圖 2-2、圖 2-3。

〔註 1〕黃漢強、吳志良，《澳門總覽》（澳門：中國友誼出版公司，1994 年 5 月），頁 41。

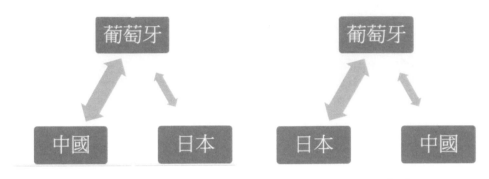

圖 2-1　關係示意圖 1931～1941　　　　圖 2-2　關係示意圖 1941～1944

資料來源：筆者自製　　　　　　　　　　資料來源：筆者自製

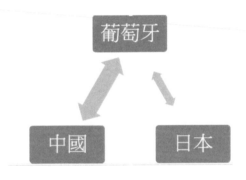

圖 2-3　關係示意圖 1944～1945

資料來源：筆者自製

第一節　葡萄牙面對中日危機

一、「中立」政策的樹立

　　1931 年 9 月 18 日，日軍在瀋陽發動「九一八」事變，揭開中日危機的序幕。國民政府第一時間選擇向「國際聯盟」申訴。里斯本的葡萄牙政府左右為難，1932 年 3 月 5 日，外交部處長費爾多·阿烏古斯托·布朗克（Fernando Augusto Branco）根據《海牙公約》第 13 條的規定，在日內瓦國聯總部發表正式聲明，宣稱「葡萄牙是中日世代的朋友」；葡萄牙在中日事件中是保持「中立」的立場，並拒絕承認滿洲國政權。根據國際法，澳門作為葡萄牙在遠東

的海外殖民地，在法律上，可以免受佔領的保障等。〔註2〕

　　儘管如此，鑒於中日危機日益嚴重，葡萄牙政府仍透過其殖民地的統治，對澳門行使絕對的控制權。1933 年，里斯本修正通過《葡萄牙殖民帝國組織章程》，授予總督沒有任何制約的權利，目的是要加強葡萄牙政府在海外的權益。澳督直接受命於葡萄牙君主或總統，執行葡萄牙在澳門之政策，主要處理中葡兩國之間的事務。1936 年 8 月 22 日，葡澳政府頒佈第 27003 號法令，要求所有國家及獨立機構的公務員，在擔任臨時或正式職務前，必須作出「反共」的宣言，這是遵守 1933 年《政治憲法》的規定，對共產主義和任何「顛覆思潮」的抵制。〔註3〕

　　1937 年 7 月 7 日，日方在北平引發七七事變，發動全面侵華戰爭。里斯本爲穩固在澳門主權，繼續維持「中立」態度，並調動兵力，提高澳門防禦。向澳門增派一級軍艦阿豐索・德・阿爾布科號（Afonso de Albuqerque）和 4 架水翼機，提高澳門防禦。也恢復 1933 年取消的海軍航空中心，加強駐守澳門的海空力量。〔註4〕9 月中，澳門鄰近地區發現日軍的巡邏艦，用意不明，葡澳政府猜測日軍企圖在澳門附近登陸，乃派出武裝葡兵戒嚴。〔註5〕

　　隨著衝突的延長，10 月 20 日，澳督巴波沙（Artur Tamagnini de Sousa Barbosa）致電里斯本，請求增派軍隊駐守澳門。葡萄牙殖民地部長維埃拉・馬沙多（Vierira Machado）告誡澳督巴波沙：「中國軍隊可能會試圖以避難方式幫助葡萄牙人，抵抗日本潛在入侵的藉口而進入本澳。」〔註6〕惟恐中日軍隊如在澳門交鋒，會影響葡萄牙在澳門的主權；遂派遣巴托洛梅烏・迪亞斯號（Bartoloméu Dias）和貢薩洛・維略（Goncalo Vel-ho）2 艘軍艦和 2 單位混合炮兵部隊前來澳門，加強戒備。〔註7〕

〔註2〕查燦長，《轉型、變項與傳播：澳門早期現代研究（鴉片戰爭至 1945 年）》，頁 188

〔註3〕（葡）施白蒂（Beatriz Basto da Silva），金國平譯《澳門編年史 1900～1949》（澳門：澳門基金會，1999 年 1 月），頁 272 頁。

〔註4〕（葡）施白蒂（Beatriz Basto da Silva），金國平譯《澳門編年史 1900～1949》，頁 276。

〔註5〕鄧開頌、吳志良、陸曉敏《粵澳關係史》（北京：中國書店，1999 年 12 月），頁 438。

〔註6〕吳志良、婁勝華、何偉傑，《中華民國專題史（18）——革命、戰爭與澳門》，頁 153。

〔註7〕（葡）廉輝南，曾永秀譯《澳門：她的兩個過渡》，頁 49～50。轉引吳志良、婁勝華、何偉傑，《中華民國專題史（18）——革命、戰爭與澳門》，頁 153～154。

　　11 月，1 艘葡萄牙軍艦又運送一批軍隊和軍事武器到澳門，居住在澳門葡人因葡軍抵達澳門，怕引起日本和中國干涉，而質疑澳門是否需要增加軍力。澳督巴波沙解釋增強軍事力量，只純屬防衛性質。〔註 8〕22 日，港英總督史美（Norman Lockhart Smith）乘坐軍艦花而蒙號（Fal-mouth）到澳門，與巴波沙商討港澳兩地發生危急事故的合作，並透露英國會派大使到里斯本商討香港和澳門邊防問題。〔註 9〕

　　1937 年 12 月，「九國公約」在布魯塞爾召開會議，葡萄牙駐布魯塞爾大使卡斯特羅（Augusto de Castro）再度重申「葡萄牙會徹底保持中立」：

> 葡萄牙政府針對遠東衝突的政策，一直是，而且將繼續奉行的，是徹底的中立。澳門政府一直這樣表示，我們對衝突雙方和英國也是如是說。我們在閣下作為葡萄牙代表團作所參加的會議的態度，應該是支持一切尋求和解的行動，避免和反對一切會激怒其中任何一方的內容。〔註 10〕

會議結束後，里斯本展開了一系列的外交活動，避免激怒中國或日本任何一方，目的要保護葡萄牙在遠東的海外殖民地。

二、里斯本對於危機的應對

　　中日危機擴大，日本在短短 1 年內，控制整個華北，先後佔領北平、天津、青島、濟南、上海、鎮江和南京等重要城市。1938 年 10 月，占領廣州、武漢；大舉南下，佔領海南、南昌、長沙、宜昌等地。華北到華南地區的主要港口，幾乎都被日軍所控制。〔註 11〕

　　1939 年 3 月，由於稍早廣州已被日軍佔領，考慮澳門地位，2 日，中國駐德國大使向中國外交部報告，有關里斯本對日妥協的消息：「此間消息，葡萄牙在澳門，對日頗表好感，現兩國正商進一步合作」；〔註 12〕葡萄牙可能承認日軍扶植的滿洲國，在澳門提供日軍各種軍事便利。7 日，國民政府外交部

〔註 8〕 吳志良、金國平、湯開建，《澳門編年史——第五卷》（廣州：廣東人民出版社，2009 年 12 月），頁 2564。

〔註 9〕 吳志良、金國平、湯開建，《澳門編年史——第五卷》頁 2565。

〔註 10〕 （葡）莫嘉度，《從廣州透視戰爭：葡萄牙駐廣州總領事莫嘉度關於中日戰爭的報告》，頁 18。

〔註 11〕 黃慶華，《中葡關係史（1513～1999）》下冊，頁 1030。

〔註 12〕 「柏林陳大使致外交部電，外交部電報科來電第 6220 號」，中研院近代史研究，檔案編號：11-EUR-03863。

部長王寵惠分別致電中國駐葡萄牙和駐英國大使查明眞相。中國駐葡萄牙大使回覆：「葡萄牙政府外交部對外宣稱：（一）葡日無擬定新商約事；（二）葡無承認僞滿意；（三）無在澳門給予日本權利事。惟澳門政府或將與日方商議廣州與澳門商航，純屬地方事件」。〔註13〕11 日，中國駐英國大使回覆：「葡萄牙駐英國大使稱，葡擬承認僞滿之說毫無所聞，當係謠傳。因葡方如有此意，事前必與港英政府商洽等情。」〔註14〕4 月，英國有意向德國宣戰，曾派大使到里斯本拉攏葡萄牙參加。〔註15〕葡萄牙依舊宣佈保持「中立」，拒絕加入戰局。

隨著 1939 年 9 月，第二次世界大戰在歐洲爆發，里斯本遭遇到各色各樣的難題。其中，日本久已計劃佔領葡屬殖民地帝汶島，該島在戰場上佔有重要戰略位置。1940 年 10 月，葡澳政府的雷達竊聽一名剛從東帝汶返回日本外交官的通話：「此間的人還沒有里斯本的進一步指示……工作人員已完了對目標基地的調查研究……可以確定帝汶地方政府無權處理航空的事務。」〔註16〕16 日，澳洲對日本與葡萄牙雙方協定航線表示關注，召開內閣會議，海陸空軍統帥皆有參與，有指英國遠東軍總司令波普翰也參與其中。新航線開闢以後，日軍可於 3 小時內飛抵澳洲的達爾文軍港。〔註17〕

1941 年 12 月，日本挑起太平洋戰爭，英、荷、澳三國盟軍在 19 日從西帝汶（帝汶島西部）越界進入東帝汶，目的防止日本利用此地攻打澳洲。葡萄牙政府曾向英國政府提出抗議，指為違反協定，越界進入葡屬領土。英國政府回覆，請葡萄牙派出足夠的兵力到帝汶島。16 日，有官方人士證實，荷、澳兩軍進已在帝汶島登陸。〔註18〕18 日，荷蘭政府宣佈，同盟軍在葡屬帝汶島登陸，進入帝汶島的同盟軍會因應形勢許可或緊急情勢而終止，可以自由

〔註13〕「外交部長王寵惠電覆蔣中正」（1939 年 3 月 7 日、11 日），中研院近代史研究，檔案編號：11-EUR-03863。

〔註14〕「外交部長王寵惠電覆蔣中正」（1939 年 3 月 7 日、11 日），中研院近代史研究，檔案編號：11-EUR-03863。

〔註15〕「張治中、陳布雷致蔣介石 5278 號」（1939 年 4 月 29 日），〈一般資料（93）〉，《蔣中正總統文物》，國史館，典藏號：002-080200-00520-010。

〔註16〕RICARDO PINTO，鄧耀榮譯，〈中立區的炮火〉，《澳門雜誌》（第二期），頁94。

〔註17〕馮翠、夏泉，《澳門抗日戰爭研究廣州地區中文資料初編》（廣州：廣東人民出版社，2017 年 12 月），頁 16。

〔註18〕馮翠、夏泉，《澳門抗日戰爭研究廣州地區中文資料初編》，頁 14。

進出和撤退。〔註 19〕同時，葡萄牙政府舉行內閣會議，主要澄清部分謠言和討論帝汶島之事，表明帝汶島居有極高的軍略上地位。〔註 20〕19 日，葡萄牙政府要求澳、荷兩政府撤退帝汶島上的澳、荷軍隊。荷官方代表回覆：

> 荷澳軍隊在帝汶島登陸之舉，並無可異之處，……一旦日本發動侵略，彼等即不得不干涉葡屬之帝汶島也。日本倘在該島駐紮長距離轟炸機，則四小時之內，即可轟炸澳大利亞之達爾文軍港，八小時即可飛抵泗水。自日本開闢帝汶與帛流間之航線後，日人即開始侵略該島。〔註 21〕

最近有消息指，約有 30 名日本領事館人員抵達帝汶島。島上部份的日人已被荷、澳兩軍扣留。

1942 年 2 月 20 日，日本政府發表帝汶島作戰聲明：指英、荷兩國軍隊無視葡萄牙駐帝汶總督的拒絕，侵入帝汶島。作為自衛帝國軍，必須驅逐在帝汶島英、荷兩軍的兵力。〔註 22〕只要葡萄牙政府保持「中立」態度，進入帝汶島的日軍，會盡量減少與葡軍敵對。葡萄牙總理薩拉查（Antonio de Oliveira Salazar）要求日軍立即退出帝汶島，並保證尊重葡屬遠東澳門權益。葡萄牙政府等待日方答覆，並向日方提出嚴重抗議。〔註 23〕歐洲各地盛傳葡萄牙會向日本宣戰，與日本斷交。

鑒於戰火延燒，葡萄牙政府外交部 1942 年 9 月 13 日再度宣言，葡萄牙和西班牙兩國嚴守中立，不願捲入戰爭漩渦。澳門是屬葡萄牙遠東殖民地，一切政治政策，都依照葡萄牙政府方針行事。〔註 24〕12 月 25 日，美國情報局局長戴維斯（Elmer Davis）稱：「吾人大有理由可以相信，西班牙與葡萄牙兩國在此戰爭中，將保持其中立國之地位。」〔註 25〕西班牙駐葡萄牙大使，曾

〔註 19〕 馮翠、夏泉，《澳門抗日戰爭研究廣州地區中文資料初編》，頁 17。

〔註 20〕 馮翠、夏泉，《澳門抗日戰爭研究廣州地區中文資料初編》，頁 17。

〔註 21〕 馮翠、夏泉，《澳門抗日戰爭研究廣州地區中文資料初編》，頁 17。

〔註 22〕 （日）宜野座伸治，〈太平洋戰爭時期的澳日關係—關於日軍不佔領澳門的初步考察〉，第 76～84 頁。

〔註 23〕 「葡對日提要求日軍應即退出帝汶島 保證尊重葡遠東權益」，《新華日報》（重慶版），1943 年 10 月 14 日。

〔註 24〕 「里斯本外交部宣言 葡西兩國守中立 交戰國俘在葡京交換」，《大眾報》（澳門版），1942 年 9 月 13 日。

〔註 25〕 「美情報局長稱 葡西將保中立」，《新華日報》（重慶版），1942 年 12 月 25 日。

分析葡萄牙對日本的不滿：「我看得出里斯本對日本的外交政策已經大為轉變，但因為它在亞洲的殖民地──澳門──處於日本的鐵蹄下，所以未能向日本宣戰！」〔註26〕

三、葡萄牙政策轉變

葡萄牙政府十分清楚，日本要佔領整個中國不太可能，長期佔領華北、華中、華南地區，也相當困難；加上盟軍的加入，勝利會是同盟國。葡萄牙政府最終要與中國打交道，為了確保葡萄牙在澳門的主權，必須強調嚴守「中立」政策。

1943 年 8 月 25 日，葡總理薩拉查原定向國會宣示，解決帝汶島、澳門問題所持立場，開會前臨時宣佈延期。9 月 3 日晚上，里斯本發表聲明，表明儲有大量軍事物資、軍事演習亦即將舉行，該聲明稱：「葡國與於戰事有關區域內之地位將無變更，但為增援屬地之駐軍計，自將採取某軍事行動。」薩拉查強調：「吾人需要和平，惟於獲得和平之前，吾人決保護我神聖之主權完整、獨立及尊嚴。」〔註27〕9 月 4 日，葡萄牙政府對日本政府處埋太平洋葡屬產業態度，表示不滿，因日本在澳門建立軍事統治，並佔領帝汶島。

10 月 10 日，葡總理薩拉查在里斯本與日本駐葡萄牙大使會談達兩小時，雙方談話內容簡短，不歡而散。〔註 28〕各方揣測形勢發展：一是葡萄牙與日本斷絕關係。二是日本不立即撤出帝汶，葡萄牙向日本宣戰。三是葡萄牙訴求英國幫助，結盟防守。葡萄牙沒有接到日本破壞澳門中立地位報告；欲與日本斷絕邦交，又至少需先提出強硬的抗議。最終，總理薩拉查決定維持政府的中立性。

1943 年 10 月 12 日，總理薩拉查應英國首相邱吉爾（Winston Churchill）請求，將亞速爾群島（Azores）臨時性借給英國，准許英軍在亞速爾群島享有若干便利，戰爭停止時，全部軍力均退出亞速爾群島。英國首相邱吉爾在下院宣稱：「英國將對該島葡人作主要軍事上及其他方面之供應。關於葡政府對

〔註26〕 RICARDO PINTO，鄧耀榮譯，〈中立區的炮火〉，頁 95。
〔註27〕 「日本侵害葡屬權益 葡可能對日宣戰 葡人盼望打擊日寇 葡政府亦準備行動」，《中央日報》（重慶版），1943 年 9 月 4 日。「葡正考慮對日宣戰 將派遠征軍東來 海軍後備隊已召集」《中央日報》（重慶版），1943 年 9 月 5 日。
〔註28〕 「葡日關係漸趨緊張 葡總理與日使會談」，《新華日報》（重慶版），1943 年 10 月 10 日。

歐洲大陸繼續維持中立政策之願望，並無影響。」〔註29〕13 日，英國外相艾登（Robert Anthony Eden）致電總理薩拉查，協定英軍在亞速爾群島使用各種便利：

> 請閣下於英葡協定實行之際，接受余之敬請英葡兩國政府簽訂准許英軍使用亞速爾群島，一切便利之協定，余深信，共對吾人之航運貢獻極大，且為縮短戰事之重要因素，協定將使舊日之同盟煥然一新，並增進其上存在英葡兩國密切及友誼關係。〔註30〕

總理薩拉查回覆：「此項條約之簽訂系根據兩國之同盟，閣下希望葡萄牙所予其盟國之便利，將使大西洋航運更為安全，余相信葡國此項忠於傳統之新證據，將領兩國友誼更為切密。」〔註31〕此項條約可追溯於 1373 年英葡同盟條約，簽訂地點為里斯本，雙方代表為葡總理薩拉查、葡外交及英駐葡大使、英外部中歐司長羅伯慈，此事曾詳細征詢美國政府並己得同意，其他聯合國家亦經通知。准許英國使用設備之詳細請求尚未公佈，包括空軍基地和港口，美國護航艦亦可使用一切設備。〔註32〕

同時，美國務院發表聲明：「關於邱吉爾首相所發表與葡萄牙簽訂使用亞速爾群島設備一項之聲明，謂係以英葡同盟關係為根據。美國政府曾接獲通知，並同意此項部署。」

軍事界人士評論葡萄牙以海空軍基地借讓盟國使用，為盟軍在大西洋戰爭中取得另一個勝利，方便盟軍進攻歐陸戰場，對軸心國有嚴重打擊，但會引來惡劣報仇。惟如軸心國破壞葡萄牙「中立」主場，同盟國會以最大限制支持葡萄牙。14 日，美國總統羅斯福（Franklin Delano Roosevelt）向葡萄牙保證，表示英美兩國對亞速爾群島毫無野心：「美國將與英國共同使用群島上之之基地。英美現正進行共同之軍事行動。必要時與軸心國作戰之其他國家，亦可以使用各基地。」〔註33〕

〔註29〕 「大西洋上盟國獲新基地 葡允英使用亞速爾羣島 英相在下院宣布與葡訂協定」，《大公報》（重慶版），1943 年 10 月 13 日。
〔註30〕 馮翠、夏泉，《澳門抗日戰爭研究廣州地區中文資料初編》，頁 21。
〔註31〕 馮翠、夏泉，《澳門抗日戰爭研究廣州地區中文資料初編》，頁 21。
〔註32〕 馮翠、夏泉，《澳門抗日戰爭研究廣州地區中文資料初編》，頁 22。
〔註33〕 「英軍在亞速爾登陸 羅邱早商定英美使用亞島 葡仍守中立德或發表聲明」，《大公報》（重慶版），1943 年 10 月 14 日。

　　16 日，德國政府透過德國駐葡萄牙大使，發表聲明，指責葡萄牙政府在英國壓力下交出亞速爾群島軍事基地，嚴重破壞「中立」立場。同時，希望日本政府提出嚴重抗議。〔註 34〕下午，日本駐葡萄牙大使森島守人與薩拉查會談。19 日，日本政府因葡萄牙政府允許英國使用亞速爾群島的軍事基地，正式提出抗議。〔註 35〕26 日，日本駐澳門副領事、副特務機關長聯同多名要員，向澳督戴思樂（abriel Maurício Teixeir）提出質疑：葡萄牙政府為何借亞速爾群島給英國，是不友誼之舉，此行為是協助同盟國攻打軸心國，違反「中立國」位置。澳督戴思樂表示：亞速爾群島借予英國係屬暫用，在目前情形下不容易辭卻。〔註 36〕一位到訪的日本領事館官員，為日本外相重光葵起草外交文件，目的要減輕葡萄牙對日本干涉澳門事務的反感：

> 澳門的葡萄牙官員都要決心保持中立……在表面上，他們的一切行動都是友好的。而且，他們顯然在做每一件能夠取悅于我們的事情……他們對我們的海軍和陸軍的行動視而不見，似乎跟英國領事毫無關係，至少在我們面前是這樣。可以肯定，盡管總督和其他的官員幾乎不可能太多地考慮我們，但他們的行動多半是不得己而為之。〔註37〕

　　葡總理薩拉查表明，出借亞速爾群島只是英葡間同盟協定，強調一直維持「中立」立場，並非加入戰局。〔註 38〕葡萄牙政府的外交政策，明顯是親同盟國，可以從葡萄牙與英、美國兩國使用亞速爾群島基地進行的討論和協定來表明。英國政府對葡萄牙政府的行為，得出一個看法，即葡萄牙政府透過外交手法，讓日方撤出帝汶島的企圖，已經失敗。

〔註34〕 「德對葡萄牙抗議　傳日本對葡亦有表示」，《大公報》（重慶版），1943 年 10 月 16 日。

〔註35〕 「英使用亞速爾羣島　日寇向葡提抗議」，《新華日報》（重慶版），1943 年 10 月 19 日。

〔註36〕 「國民黨中央執委會秘書處致國民政府外交部」（1943 年 10 月 26 日）〈敵圖監視澳門〉，《外交部檔案》，國史館，典藏號：020-042702-0017-0032。

〔註37〕 （澳）杰弗里‧C‧岡里（Geoffrey C.Gunn）《澳門史 1557～1999》（中央編輯出版社，2009 年 3 月），頁 177。

〔註38〕 「英葡協定　不影響葡國中立　與西班牙之關係」，「邱吉爾報告英葡協定　以六百餘年之舊約為根據。」，《華僑報》（澳門版），1943 年 10 月 14 日。

第二節　葡澳政府與中日衝突

一、中澳防衛橫琴之爭議

1937 年，七七事變，葡澳政府害怕中國或日本會因戰爭的關係，乘機佔領澳門，再三重申「中立」的立場。葡萄牙駐中國的領事們也十分關心日軍在中國的侵華行動。葡萄牙駐廣州領事莫嘉度（Vasco Martins Morgado）致葡萄牙政府的密報，日方有意同葡萄牙政府合作，希望「澳門成爲連接華南和世界的一個紐帶」，願意給澳門好處。〔註39〕葡澳政府十分關注戰爭形勢，經常與莫嘉度連絡，以得到及時的情報。葡澳政府每次向里斯本回報有關澳門情況，都會強調勿對日本有任何敵意，害怕總會有一天日本會佔領澳門。

1937 年 8 月，日軍封鎖自長江中下游一帶，連接上海到汕頭南部，中國東南沿海的航線。9 月 5 日，日軍擴大封鎖範圍，北至秦皇島，南至印支邊境的中國沿海地區，只有青島和第三國的租借地不在封鎖範圍。12 月 26 日，即連青島和其他地區也一律封鎖，僅剩廣東地區的澳門、香港和廣州灣未被封鎖。〔註40〕

9 月以後，里斯本對於中日間問題感到困惑，對於僑居在澳門葡人的安全感到擔憂。情報顯示，日軍在澳門附近進出，致電駐守在華南的日海軍。日海軍回覆：應該遮斷在附近港口中國的船隻，防止物資運往中國。〔註41〕10 月 5 日，葡澳政府發現日軍軍艦在虎門徘徊，封鎖海岸，很多貨輪被迫轉駁。代理總督通知葡萄牙政府外交處，日方可能在澳門會有所行動。〔註42〕

10 月 6 日，6 艘日軍艦突然佔領澳門附近小橫琴島，約 100 多名陸軍戰隊登陸，疑似修築機場。隸屬廣東省中山縣的小橫琴，西部靠近澳門，與葡澳政府管轄的氹仔島，隔海相望，約千米左右。關於橫琴島主權等問題，一直都爲中葡間的糾紛，交涉未有結果。廣東政府空軍稍後偵察報告，發現停留

〔註39〕（葡）莫嘉度，《從廣州透視戰爭：葡萄牙駐廣州總領事莫嘉度關於中日戰爭的報告》，頁 19。

〔註40〕張俊義、劉智鵬，《中華民國專題史（17）——香港與內地研究》（南京：南京大學，2015 年 3 月），頁 95。

〔註41〕「日本東京無線電 6171 號」（1937 年 9 月 19 日），〈一般資料（62）〉，《蔣中正總統文物》，國史館，典藏號：002-080200-00489-019-002x。

〔註42〕「敵艦徘徊虎門外 葡方否認日在澳有作爲 颱風昨過港敵機未襲粵」，《大公報》（漢口版），1937 年 10 月 5 日。

在伶丁洋、虎門、大鵬灣 3 艘日軍艦已駛離，有可能往台灣方向避難。〔註43〕
眼見戰火逼近，葡澳政府以澳門安全為由，阻止國民政府在澳門邊界設防，
卻又造成廣州方面的不滿。7 日，第四戰區副司令余漢謀致軍委會第一部部長
黃紹竑：指葡澳政府有意無條件將澳門交給日本，日軍經常在澳門上空徘徊，
大多數飛機從澳門飛往中山縣，少數艦隊在澳門補充燃料。國軍只是防止日
軍從唐家灣、香洲埠或澳門附近登陸，而決定在中山沿海等地設防工程。此
工程純在中國領土範圍，與澳門完全無關，葡澳政府不應干涉。〔註44〕

　　10 月 11 日，廣東省政府主席吳鐵城再致黃紹竑，說明在澳門邊界設防的
重要性：指廣東地區一直受日方艦艇和飛機轟炸，航空母艦、巡洋艦停泊在
澳門附近荷包灣，飛機由澳門上空飛越中山縣。為防止日軍由中山縣沿海等
地登陸，商討在關閘迄唐家灣、澳北北山、葫蘆山等地建築工程。關閘為中
葡交界地方，是澳門與廣東省珠海市主要陸路交通運輸通道，北山離關閘約
2,500 公尺，葫蘆山在澳門西南，距海約 3,000 公尺，水深適合船隻停泊，此
地必需要有軍事佈署。〔註45〕

　　12 月，駐兩廣特派員公署秘書凌士芬分別到香港和澳門訪問，葡澳政府
建議派警兵駐守大小橫琴等島，阻止日軍佔領。凌士芬向余漢謀、廣東省政
府秘書長歐陽駒報告，葡萄牙駐廣州代理總領事、葡澳警察廳廳長亞理士先
後致電余漢謀表明意願，中方一直未有明確答覆。〔註46〕3 日，澳督英文秘書
巴士架致電秘書凌士芬，日軍在沿海各處佔領上門島、荷包島、高欄島、三
灶島等，見日輪船在橫琴島附近，離拱北不遠，建議派一小隊葡兵或警察駐
守，作軍事用途，並沒有佔領野心。〔註47〕

〔註43〕「日本東京無線電 6829 號」（1937 年 10 月 9 日），〈一般資料（62）〉，《蔣中
　　　　正總統文物》，國史館，典藏號：002-080200-00490-009-005x、002-080200-00
　　　　490-009-006x。「澳門附近敵佔小橫琴島　修築機場似有企圖　中山縣海面亦發
　　　　現敵艦」，《大公報》（漢口版），1937 年 10 月 6 日。
〔註44〕黃鴻釗，《中葡澳門交涉史料》（第二輯）（澳門：澳門基金會，1998 年 5 月），
　　　　頁 318～319
〔註45〕黃鴻釗，《中葡澳門交涉史料》（第二輯），頁 319。
〔註46〕「廣東廣西特派員习作謙致國民政府外交部」（1937 年 12 月），〈澳門當局擬
　　　　派葡警阻日軍及中澳衝突〉，《外交部檔案》，國史館，典藏號：020-042702-0
　　　　018-0006、020-042702-0018-0007、020-042702-0018-0009。
〔註47〕「澳督英文秘書巴士架致電秘書凌士芬」（1937 年 12 月 3 日），〈澳門當局擬
　　　　派葡警阻日軍及中澳衝突〉，《外交部檔案》，國史館，典藏號：020-042702-0
　　　　018-0011、020-042702-0018-0012。

　　13 日，亞理士到廣州與余漢謀會面，余漢謀表明大小橫琴島是屬中國領土，國民政府自會拱衛，勿勞友軍防護，以免將來發生誤會。亞理士表示國府軍隊在拱北附近挖掘戰壕，拱北面臨澳門，澳門居民人心惶惶，紛傳中澳發生衝突，表明在拱北附近掘戰壕，只作防禦用途。〔註48〕15 日，巴士架致電廣東省政府，謂基於邦交友誼，建議雙方合派軍隊進駐拱北、大小橫琴島等島。廣東省政府表示有損國家領土主權，破壞國防軍事計劃。

　　大小橫琴等島地處瀕海，與澳門相連，葡澳政府想借此佔領。〔註49〕之前，廣東省政府曾想在關閘至唐家灣，澳門以北的北山、葫蘆山等建築防日軍事基地，這些地方都屬中國領土，但也遭葡澳政府以各種理由反對。〔註50〕月中，澳督巴波沙收到英國軍事情報員查里士‧卜塞的情報，說日軍會短時間之內密集在橫琴島一帶，有可能登島。27 日，開往澳門輪船上外國乘客，目擊離澳門東北 15 英哩地方，有日艦 20 艘，多架日機由航空母艦飛出，在該輪船上空盤旋偵察；有群眾指上星期在大鵬灣外發現 2 艘運輸艦，有傳往澳門登陸。〔註51〕同時，澳門居民在早上 5 點 20 分被七發重炮聲驚醒，地點約在澳門西南 10 英里，炮聲來自橫琴島方向。日方企圖不明，港英政府、葡澳政府極為關注。〔註52〕29 日，英海軍司令史蔑萊早已訓令英艦隊，如發現日艦侵港領海，即可炮擊。〔註53〕葡澳政府警告日本第三艦隊司令長谷川：「日艦八艘停泊澳附近，實屬危害澳門安全，限二十八日起，此項日艦即須駛離澳門十里外停泊。」〔註54〕

　　1937 年 12 月 29 日早上，200 名日水軍佔據橫琴島，軍艦 7 艘、船艇 40

〔註48〕 「廣東廣西特派員致國民政府外交部」（1937 年 12 月 13 日），〈澳門當局擬派葡警阻日軍及中澳衝突〉，《外交部檔案》，國史館，典藏號：020-042702-0018-0013、020-042702-0018-0014、042702-0018-0015。

〔註49〕 「余漢特派員致國民政府外交部」（1937 年 12 月 21 日），〈澳門當局擬派葡警阻日軍及中澳衝突〉，《外交部檔案》，國史館，典藏號：020-042702-0018-0024、020-042702-0018-0025、020-042702-0018-0026。

〔註50〕 黃鴻釗，〈有關抗日戰爭後收回澳門的問題〉《澳門研究》（第 26 期），2005 年 2 月 1 日，頁 167。

〔註51〕 「澳門東北海面 發現大批敵艦 廣東空氣又趨緊張 敵機四十餘架昨炸粵境各路」，《大公報》（漢口版），1937 年 12 月 28 日。

〔註52〕 「澳門西南昨晨炮聲 橫琴島敵兵登陸 搶劫糧食殘殺島民 港澳當局注意敵艦行動」，《大公報》（漢口版），1937 年 12 月 29 日。

〔註53〕 馮翠、夏泉，《澳門抗日戰爭研究廣州地區中文資料初編》，頁 8。

〔註54〕 馮翠、夏泉，《澳門抗日戰爭研究廣州地區中文資料初編》，頁 8。

多艘停在海中保衛。日軍行動積極，任意屠殺壯丁、姦淫婦女。〔註 55〕日軍佔領行為，引起葡澳政府關注，派出大批武裝軍隊到馬尾河，對橫琴島警戒。1938 年 1 月 1 日，15 架日軍的飛機掠過澳門上空，回程時有一架離隊低飛澳門的離島，引來澳門居民的恐慌。

　　本來駐守橫琴島一帶的廣州軍隊不見了，相反來了一營 600 精兵的日本分遣軍隊。他們佔據這一帶的山頭，挖掘壕溝、築鐵絲網，在周圍豎立有中、日、葡對照的警告字眼的告示牌。

　　2 日，葡萄牙政府對於日軍佔領橫琴島，正式提出抗議。〔註 56〕同時，澳督巴波沙接到廣東省省長的新年電賀，粵、澳兩地間很少會有正式公文的往來，此電用異於平常的語氣：「本省府暨全人謹此向澳府督轅及闔澳市民恭祝新年」。〔註 57〕葡萄牙駐廣州總領事莫嘉度身體不適，代理總領事柯里威咧與廣州省政府會面，表明葡萄牙政府的立場：一、中國方面所得知澳門方面消息，大多數都是流言。如輕信，會有損兩國之間友誼。二、葡澳政府會派警察到琴島，目的使日軍了解，該島為中葡兩國劃界糾紛所在，一直未解決。會阻止日軍佔領，希望廣東省政府不要派兵駐守，以免日軍有所藉口。〔註 58〕廣東省政府強調，葡澳政府要維護中葡及省澳雙方友誼，感謝葡方對橫琴島劃界的駐守。該島仍屬中國領土，有很多中國人居住，廣東省政府有責任派軍隊保護。〔註 59〕

　　數天後，葡澳警察登陸橫琴島，並在島上逗留一段時間。國民政府致電葡萄牙駐廣州總領事，提出抗議，並請轉告葡澳政府離開橫琴島。澳督巴波沙解釋因之前收到廣東省政府電報中，雙方已秘密達成協定，只是不讓廣東省民眾誤會，故不對外公布，而是宣稱維持難民所需。

〔註 55〕　「橫琴島敵經營軍事　澳門頗感威脅　粵各鐵路又被狂炸　粵漢北上車昨停開」，《大公報》（漢口版），1937 年 12 月 30 日。「橫琴島敵增加　澳門佈置警戒　敵機昨襲兩路與虎門奧美校被炸美領將提抗議」，《大公報》（漢口版），1938年 1 月 1 日。

〔註 56〕　「元旦日之廣州　空襲警報中抗敵宣傳　葡政府抗議敵佔橫琴島」，《大公報》（漢口版），1938 年 1 月 2 日。

〔註 57〕　RICARDO PINTO，鄧耀榮譯，〈中立區的炮火〉，頁 76。

〔註 58〕　「兩廣外交特派員公署致廣東省政府」（1938 年 2 月 2 日），〈澳門當局擬派葡警阻日軍及中澳衝突〉，《外交部檔案》，國史館，典藏號：020-042702-0018-0033。

〔註 59〕　「兩廣外交特派員公署致廣東省政府」（1938 年 2 月 2 日），〈澳門當局擬派葡警阻日軍及中澳衝突〉，《外交部檔案》，國史館，典藏號：020-042702-0018-0034。

二、戰爭延長的觀察與對策

1938 年 1 月中，葡澳政府與日軍發生首次衝突。2 名葡籍空軍中尉施威連和地亞士，駕駛 1 架奧士 071 型水上滑翔機，在澳門上空例行巡視時，不小心接近一分隊的日本戰鬥機。與他們同行另一架同類型機師巴圖密羅，發現他們飛航時，有 3 架日本戰鬥機跟隨，用機關槍向空中射了一輪，以示警戒。數日後，日本大使向葡萄牙外交部抗議，日軍在澳門上空受到不友善的對待。葡方解釋水上滑翔機連防衛武器都沒有，如何向日軍挑釁？葡澳政府為防止日軍進攻澳門藉口，決定停止水上滑翔機的常規操作。

澳督巴波沙委託平托中尉在上海接洽美國的新式武器。在運輸期間，雖因中日戰爭的影響，運輸過程出了問題，卻獲日軍高級將領書面的承諾，會尊重澳門的中立：「日本尊重葡國的領地澳門，所以不會在此進行軍事活動，並即停止空軍的例行飛行巡弋」。〔註60〕日軍履行承諾，月底會撤走所有在橫琴島的部隊。駐守當地葡兵會繼續執行任務，必要時葡萄牙政府默許他們，扛起槍械守著陣地。

3 月 10 日，日巡洋艦四艘，驅逐艦數艘及武裝船數艘，在香港和澳門附近海域演習，各艦均系實彈演習，日機在空中散發傳單警告沿海居民及漁船勿駕駛附近海域，日方宣稱：將在香港與澳門以南至海口航線之洋面繼續演習。〔註61〕22 日，廣州總領事莫嘉度在外交報告中，曾分析葡萄牙的處境，考慮保持中立，戰事結束將和哪一方打交道：

> 但不管是何種情況，即使由於日本出於要取得勝利，必須關閉南方通道的考慮，而對廣東實施封鎖，對其進行攻擊和破壞，我們仍將和一個中國政府打交道。如果我們必須和一個南方政府相處，我們祇能保持一個一直為該政府所讚賞的立場，而不影響衝突雙方，始終完全對其予以尊重。〔註62〕

莫嘉度又分析葡萄牙在澳門的具體情況，促使葡澳政府要嚴格保持「中立」態度，避免澳門成為中日戰爭的情報中心：

〔註60〕 RICARDO PINTO，鄧耀榮譯，〈中立區的炮火〉，頁 77。
〔註61〕 馮翠、夏泉，《澳門抗日戰爭研究廣州地區中文資料初編》，頁 13。
〔註62〕 （葡）莫嘉度，《從廣州透視戰爭：葡萄牙駐廣州總領事莫嘉度關於中日戰爭的報告》，頁 55～56。

今天的澳門是日本的間諜中心，同時也成為中國反間諜中心。……
受到交戰雙方的密切注視。兩邊的朋友都對我們持不信任。如果開
戰的話，地位就會不一樣，……在這種情況下，他們就不會用現在
這樣的目光來看待我們。所以，使這一中立變得明確和不被曲解，
就愈來愈變得絕對的必要，……應盡全力避免澳門成為任何人的間
諜大本營。〔註63〕

莫嘉度認為這一場戰爭的結束將「遙遙無期」，因此向葡萄牙和葡澳政府
提出不會出錯的立場，「澳門的葡萄牙只能考慮中立，以及和未來的勝利者達
成協議。至於誰將取勝，我們將和那一方打交道」。〔註64〕4月9日，莫嘉度
交給葡萄牙政府外交部的報告，日軍封鎖澳門對外的海域，「封鎖繼續趨緊，
所有由蒸汽船或快艇拖拉的船隻，不管屬於那一個國家，均被勒令停下接受
檢查。」〔註65〕

往來廣州、香港和澳門的船都會被日軍勒令停下，所幸沒有一艘掛有葡
萄牙國旗的船，受到日軍拘留或檢查。這現象的出現，一方面使得很多逃離
戰區的人，都深信澳門會因葡萄牙的「中立」，免受日本的傷害；但另一方面，
在中國人眼中，葡方已經與日方勾結。

在廣州，沒有任何一艘葡萄牙商船受到日方的騷擾，不管是輪船、帆船
或舢舨。莫嘉度且獲得葡澳港務局的同意，對懸掛葡萄牙國旗的各船隻進行
檢查，發現船員皆非葡人，國旗只是在香港和廣州購買的。

1938年4月，日本再度進駐橫琴島，目的是粉碎國軍的突襲。數月後，
日軍收縮澳門的包圍圈，日以繼夜在澳門附近地區進行猛烈空襲，造成大量
傷亡。葡澳政府會派出救護車，到距離較近的邊界接救傷者。

澳督向里斯本反映日軍在澳門上空滋事，以及葡澳政府的處理。日軍在
澳門外圍一帶挖掘戰壕、修築炮兵陣兵；轟炸機轟炸、戰鬥機在上空掠過，
澳門「中立」地位受到粗暴對待。每天出現的軍事滋擾，澳門居民恐慌一直
增加，戰爭會一觸即發。日軍紛紛在中國南方集結，禁止這一帶為中國提供

〔註63〕（葡）莫嘉度，《從廣州透視戰爭：葡萄牙駐廣州總領事莫嘉度關於中日戰爭
　　　　的報告》，頁188～189。

〔註64〕（葡）莫嘉度，《從廣州透視戰爭：葡萄牙駐廣州總領事莫嘉度關於中日戰爭
　　　　的報告》，頁23。

〔註65〕（葡）莫嘉度，《從廣州透視戰爭：葡萄牙駐廣州總領事莫嘉度關於中日戰爭
　　　　的報告》，頁29。

抗日物資。澳門與香港隔海相望，跟廣州較近，葡澳政府十分擔心，同時加緊與莫嘉度和港英政府了解中國境內的戰局。

雖然葡萄牙政府實行「中立」政策，葡澳政府在戰時也持同樣立場，但日軍駐澳特務機關並不尊重國際法和葡澳政府的「中立」地位；加上澳門沿岸地區相繼淪陷，對澳門有相對威脅性。日本的軍艦、潛艇經常在廣東海域襲擊商船和漁船、槍殺漁民、騷擾海島，目的窺探澳門的邊防。

日軍的巡邏艦追捕抗日份子時，會侵入到澳門水域，葡澳水警盡量避免與他們發生衝突，使澳門捲入戰爭。澳督巴波沙促請葡萄牙政府派兵增援，但葡萄牙政府正受困於非洲殖民地的問題，不能調動兵力。在整個二戰期間，澳門的兵力約一千人，澳督最終決定撤出該兵力。

1938年5月10日，廈門淪陷，葡萄牙駐廈門領事向駐廣州領事莫嘉度報告，日軍進城後的大規模屠殺。澳門以西的地區開始被日軍封鎖，每天不斷地空襲。莫嘉度怕因葡萄牙是「中立」，日軍會採取孤立澳門手段，故要盡快通知葡澳政府，了解形勢，作出準備。情報有指日軍企圖在中山縣沿海唐家灣、企人石等處登陸澳門，葡澳政府在17日晚上一度宣佈戒嚴。〔註66〕

8月，葡萄牙2艘巡洋艦本擬定10日返回葡萄牙，忽奉命暫時停留澳門，可見葡萄牙預知日本將進攻華南。11日，葡萄牙政府致電日本政府，指2天前，有3架日機從北方飛越澳門上空，只有4百米高度；3架日機從東北方方向飛越澳門，其中1架在百米內高度。請日本政府注意友邦國主權和利益。〔註67〕延至15日，葡澳政府因日本緊逼，以鞏固澳門安全為由，調集士兵駐守；並建竹棚二三十座，據中方情報指出，疑似供應日本侵華的軍事用地。〔註68〕

三、中日衝突擴及廣州

1938年10月，廣州淪陷，日軍逼近澳門。葡澳政府向日本政府抗議日軍的飛機飛越澳門上空，侵犯主權，日本駐香港領事解釋是「誤會」。葡澳政府

〔註66〕 「粵海亦緊 傳敵有所企圖 澳門秘密戒嚴」，《大公報》（漢口版）1938年5月21日。
〔註67〕 「日本駐香港專員崎早致電東京政府垣宇」（1938年8月10日），〈一般資料（81）〉，《蔣中正總統文物》，國史館，典藏號：002-080200-00508-069-001x。
〔註68〕 「余漢謀致電蔣介石」（1938年10月15日），〈一般資料（85）〉，《蔣中正總統文物》，國史館，典藏號：002-080200-0512-036。

為此購買 3 架 DCA20 毫米機關槍，以加強防衛，日本駐香港領事也提出抗議，指葡萄牙不像日本與中國的關係，日本與葡萄牙沒有發生衝突；同時要求葡澳政府不要向中國運送物資，並以「中立」為名，不允許國民政府在澳門附近地區和海域設立防禦。澳督巴波沙為了解決爭論和敷衍日方，12 月，宣佈從今年起，向所有商號徵收防務稅，主要用做 1,000 多名駐澳門日軍的日常開支、增添軍事設備和政府的日常開支，每年 12 月為徵收期。〔註69〕

1938 年 12 月 29 日，葡澳政府派警察局局長葛古育上尉（Carlos de Sousa Gorgulho）到東京了解情況。葛古育乘坐「澳門號」炮艇抵達廣州，駐廣州的日本華南分遣軍團司令探問可否借用澳門馬場，作為日軍的航空軍臨時基地。馬場屬英國電燈公司的產業，葛古育表明並不是他個人可以決定，建議可透過兩國的外交管道。日本司令請葛古育向澳督轉述，日本希望葡國以政府名義，允許日本一些政治承諾，包括共同打壓共產主義，承認滿洲國，以及加強和日本的經貿合作。〔註70〕

31 日，葛古育離開廣州，抵達日本，多名日本高級人員與葛古育會議，包括海事部大臣、外交部次長、副參謀總長，以及領導突擊珍珠港的海軍部次長山本 56 名大將等人。在會議中，葛古育希望可以了解日本對澳門的看法、珠江的航運問題、華界的關稅、日本對華南的發展；並請歸還在廣州扣押的走私船隻。日本代表有意把話題轉開，但葛古育與日本外交官八里大佐的會談中，知悉日本屬意於帝汶島：「葡萄牙如有意借帝汶島給日本作軍事的用途，日本與葡萄牙的邦交會更加親密。」〔註71〕

澳葡政府高官首次訪日，日本報刊趁機渲染日葡合作的話題，甚至宣稱葡萄牙政府承認日本在東北扶植的滿洲國、日葡將簽訂外貿協議等。葛古育向對方表明，這並不是他個人可以決定的。日本陸軍大臣板垣征四郎的一名親信，再次向葛古育提出同樣的要求，他給日方同樣的答覆，並提早結束訪日的行程。

1939 年 1 月 9 日，葡澳政府不顧「中立」地位，高規格禮待日本駐華南海軍司令鹽澤乘艦來澳，點放禮炮隆重歡迎，澳督巴波沙親身接見。鹽澤視

〔註69〕 林發欽，王熹，《孤島影像：澳門與抗日戰爭圖志》（廣州：廣東教育出版社，2015 年），頁 25。
〔註70〕 RICARDO PINTO，鄧耀榮譯，〈中立區的炮火〉，頁 79。
〔註71〕 RICARDO PINTO，鄧耀榮譯，〈中立區的炮火〉，頁 80。

察在柯高馬路二龍喉附近大樓裡的特務機關、橫濱銀行，最後在巴波沙陪同下登上軍艦，離開澳門。〔註72〕不久，日軍進駐中山縣，準備佔領灣仔。灣仔東部有葡兵駐守，里斯本殖民地部長指示澳督巴波沙，確保灣仔的控制權，希望日本承認灣仔是葡屬的領土：

> 根據督憲閣下提供之資料分析，我本人認爲不宜干預日軍在灣仔登陸。此外，我對日軍的交涉，應盡量避免採用書面方式，現階段是絕不適宜透過書面文字，向日方表達我們的意願。〔註73〕

日本並不同意葡澳政府的建議，因爲在交易上，日本沒有得到任何的好處。澳督巴波沙曾向葡萄牙政府要求，在灣仔設立學校、教堂、發電站等設施，殖民地部長強烈阻止，原因是如果日軍佔領灣仔，多一份的設施會變成多一份的屈辱。

日方威脅葡澳政府，租讓澳門對面的小島，允許日方軍艦在澳門海域自由活動。雖然，葡澳政府已予拒絕，仍給予日方許多便利，如日方駐澳門特務機長和田信造，設特務機關在葡人所開「竹賓酒店」，並可裝備無線電收發機。日澳之間互相交換中方情報，日方會每月津貼 15,000 元；允許日方間諜在澳活動、日方輪船每週 2 次可由廣州往返澳門等。〔註74〕國民政府對於葡澳政府此等行爲不滿，指爲非友誼行爲，向葡澳政府提出抗議。

1939 年 7 月 5 日，日軍不斷轟炸鄰近澳門的石岐，中斷澳門交通。〔註75〕澳督巴波沙與日方建立臨時協定，阻止所有抗日活動在澳門進行，日方會履行諾言撤離石岐。〔註76〕葡澳政府並協助在澳的日人，12 月 25 日晚，日方軍官 5 人乘坐葡澳政府的巡海小船「黑沙號」開往九州；26 日晚 6 點，日方軍艦一艘停泊澳門新口岸，29 日早 8 點允許開往廣州。〔註77〕

〔註72〕溫春來，《澳門傳奇》，（廣州：廣東經濟出版，1999 年 11 月），頁 361。
〔註73〕RICARDO PINTO，鄧耀榮譯，〈中立區的炮火〉，頁 81。
〔註74〕「王芃生致電蔣介石」（1939 年 3 月 26 日）〈一般資料（93）〉，《蔣中正總統文物》，國史館，典藏號：002-080200-0520-008。
〔註75〕「張發奎致電蔣介石 27105 號」（1939 年 7 月 5 日），〈八年血債（34）〉，《蔣中正總統文物》，國史館，典藏號：002-090200-00058-242-002a。
〔註76〕「王芃生致蔣介石 19243 號」（1939 年 10 月 16 日），〈一般資料（96）〉，《蔣中正總統文物》，國史館，典藏號：002-080200-00523-084-001x。
〔註77〕「王芃生致電蔣介石」（1939 年）〈一般資料（94）〉，《蔣中正總統文物》國史館，典藏號：002-080200-00521-146-008、002-080200-00521-146-009。

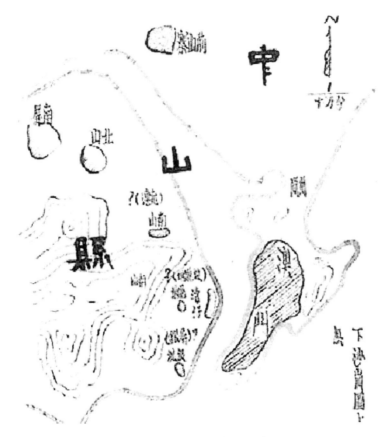

圖 2-2-1　中山縣與澳門形勢圖

資料來源：賀耀組、戴笠致蔣介石 22478 號」（1940 年 3 月 26 日），
〈一般資料（101）〉，《蔣中正總統文物》，國史館，典
藏號：002-080200-00528-020-005x

　　1940 年 2 月 26 日，葡澳政府允許 20 多名日軍，攜帶武器到澳門各地參
觀；[註78] 並接受日方要求，禁止澳門各華文學校教授抗日內容。3 月 20 日，
日軍揮兵登陸灣仔，日軍的先頭部隊在灣仔東部遇到兩名葡籍官員，向日方
出示一幅地圖，顯示他們處於葡澳政府的管轄範圍。最後，葡澳政府以港幣 2
萬元，交換日方撤出灣仔東部範圍。[註79] 同一天，日本派遣軍新任司令本
田，向葡方對日交涉的蘇沙中尉怒斥，表示葡澳政府不尊重日本和沒有緝捕

[註78]　「賀耀組、戴笠致蔣介石 22478 號」（1940 年 3 月 27 日），〈一般資料（101）〉，
　　　　《蔣中正總統文物》，國史館，典藏號：002-080200-00528-020-005x。
[註79]　「賀耀組、戴笠致蔣介石 22478 號」（1940 年 3 月 26 日），〈一般資料（101）〉，
　　　　《蔣中正總統文物》，國史館，典藏號：002-080200-00528-020-005x。

抗日人士。澳督巴波沙乃接見日本駐廣州的副領事，說葡澳水警在內港的水域捕獲一艘可疑的船隻，並把船上的人拘捕，藉此行為證明葡澳政府有心與日本合作。國民政府不滿葡澳政府，向里斯本提出抗議，並要求釋放船上的軍務人員。葡澳政府經過交涉，公開道歉，承認自己過失，願意賠償；但這些船員已被判有罪，並送往帝汶島服刑。

3月27日，葡澳政府與日方進行妥協，疑似談判條件包括：一、日軍可携帶武器自由進出澳門；二、禁止國府人員在澳門活動；三、日軍軍票可在澳門使用；四、跑狗場為日軍飛機升降；五、日軍在澳門設立特務機關；六、禁止由香港供應物資；七、懲罰羅德禮；〔註80〕八、日軍安排 1 至 3 人到警察廳工作。葡澳政府要求日方條件：一、灣仔地區由葡兵佔據；二、關閘擴展到前山為中葡交界；三、保障葡澳政府獨立；四、禁示香港供應物資，必須由日軍供應物資接濟。〔註81〕

四、灣東事件

澳督巴波沙一方面對日方強大的壓力，另一方面怕觸怒國民政府。此時日本開始扶植南京的汪精衛政府。汪偽政權接替日軍在灣仔一帶的控制權，東面只有葡兵駐守，不足以對抗強大的日軍。1940 年 3 月 31 日，日本向葡澳政府表明，葡軍應撤離灣仔，接受日本士兵可以在澳門自由流通，有權在澳門調查反日本分子，關閉國民政府在澳門的海關。〔註82〕

4月5日，澳督命令駐守澳門邊界士兵一律禁止請假，致電葡萄牙政府加

〔註80〕 羅德禮（FERNANDO SENNA FERNANDES' RODRIEUES）在 1916 年澳門成立羅德禮洋行，主宰著整個澳門貿易市場。葡萄牙政府採取中立政策，日軍沒有侵入澳門，但澳門已成孤島，周邊受到日軍封鎖，物價高漲，大批難民湧入，無良米商趁機屯糧圖暴利。羅德禮利用江湖上朋友的幫助，請示澳督，從中山坦洲偷運大米回澳門。那時米價比黃金貴，載著白米的船隻在南環（舊銅馬）前面漁艇碼頭靠岸時，整個澳門街轟動了。日軍頭子 sol.sawa、日偽頭子黃光傑聞訊帶著大隊人馬封鎖了碼頭，欲查封大米，氣氛非常緊張。羅德禮正氣凜然地站出來，用葡文響亮地説：「米是我羅德禮洋行的，誰都不許動它半粒！」喝退了日偽。大米陸續上岸，解救了饑民們。轉引：「羅德禮將軍街的故事」《中山僑刊》第 65 期，2005 年 9 月 1 日。

〔註81〕 「李漢魂致蔣介石電」（1940 年 3 月 27 日），〈一般資料（101）〉，《總中正總統文物》，國史館，典藏號：002-080200-00528-020-006x

〔註82〕 林發欽，王熹，《孤島影像：澳門與抗日戰爭圖志》，28 頁。

派士兵 1,000 人，並在灣仔建築營房。〔註83〕4 月 8 日，日本佔領鄰近澳門的珠海萬山島，葡澳政府不堪壓迫，有允許之意，引起港英政府的不滿，派員視察形勢。葡澳政府害怕日本一再威脅澳門，以自衛為理由增派 1,500 摩囉兵〔註84〕駐守，並與港英政府互相交換情報。〔註85〕

葡殖民地部長在 4 月 15 日致電澳督，分析葡澳政府現在的處境，日軍對灣仔的企圖：

> 日軍的企圖，是明顯是想我方撤出灣仔，他們的策略是假手南京政府〔汪〕的武裝部隊，來驅走我方在灣東的要塞。日軍這一著棋，可以不費一兵一卒，便奪取澳門的西岸屏障，而我方很難有藉口向他們發出外交抗議。〔註86〕

葡萄牙內閣向殖民地部長提出建議：

> 原則上，要避免採用武力方式解決灣仔問題。即使我方守軍遭遇襲擊，亦應以大局為重，寧可撤走，切勿交戰。不過，假如澳門本身受襲，便要頑抗，大家就要不惜犧牲，保衛澳門。……灣仔和澳門兩者性質有別。〔註87〕

汪偽政權所屬中山縣駐軍司令李家志（譯音）所部，係一幫烏合之眾，大部分都是外省人，表面上是效忠汪精衛政權，實則只是投機的流氓。〔註88〕在 1940 年 4 月 20 日向葡澳政府發出最後通諜，謂奉上級命令，收復中國領土，要求葡兵在 48 小時內撤出灣仔，否則動用武力。24 日，李家志帶領大隊人馬殺向東灣區的葡營，即葡澳警察的前哨基地。兵力只有 120 多人的葡警，全部繳械投降，是為「灣東事件」。灣東警衛部隊的指揮官李必祿·官也中尉，事後對葡澳政府不戰而退，感到不解。他向上級匯報，說明葡兵是有能力抵抗的：

> 我們的重型機關槍開火向他們作出警告，來犯的人潮暫為退卻。有很多冷槍從南山村落的茅屋打出來，全部子彈都是瞄準我們而射，

〔註83〕「賀耀祖、戴笠致蔣介石」（1940 年 4 月 7 日），〈一般資料（104）〉，《總中正總統文物》，國史館，典藏號：002-080200-00531-021。

〔註84〕葡澳政府印度籍的警察。

〔註85〕「王芃生致蔣介石 22775 號」（1940 年 4 月 16 日），〈一般資料（104）〉，《總中正總統文物》，國史館，典藏號：002-080200-00531-022-001x。

〔註86〕RICARDO PINTO，鄧耀榮譯，〈中立區的炮火〉，頁 84。

〔註87〕RICARDO PINTO，鄧耀榮譯，〈中立區的炮火〉，頁 84。

〔註88〕RICARDO PINTO，鄧耀榮譯，〈中立區的炮火〉，頁 84～85。

我們立即尋找有利的位置作陣地保護戰。……到了晚上七點半，敵
軍因爲久攻不克終於停火，沒有進一步的行動。我卻料不到在一個
半小時後，收到我們上級命令，要求我們立即撤回澳門。〔註89〕

灣東事件對葡萄牙政府帶來一定負面的影響，日本表明立場，如葡萄牙政府不肯退讓，澳門的情形會每下愈況。李家志他們控制內港一帶的水域，向往來和停泊的船隻徵收軍餉和抽油水。徵收軍餉當然是一種敲詐手段，葡澳水警經常與他們發生衝突，以涉嫌勒索的名義拘捕。李家志向澳督巴波沙抗議，要求立刻放人，否則會派兵進入澳門。澳督巴波沙考量澳門的處境，只好照辦，此又助長了日本人和漢奸在澳門的氣焰。

25 日，盛傳日軍在喇叭島與葡警發生衝突，有 2 名僞軍士兵赴喇叭島，印籍葡警看見，上前命令離開，2 人拒絕，葡警將 2 人逮捕，2 人開槍拒捕，當場斃傷葡捕各 1 人。葡澳政府即派出大批軍隊與當地駐日軍開火，1 名葡籍軍官當場被擊斃，日方亦有人死傷。抵達澳門部分旅客看見喇叭島上約有百名葡兵駐守。〔註90〕葡澳政府向日方提出抗議，日方回覆會調查此事。

日軍進行海上局部性的封鎖，主要是嚴懲封鎖期間違反禁令的船隻，令澳門出現短暫的物資短缺。26 日，日軍基於日英、日葡之間協定，開放對珠江封鎖，允許香港、澳門與各地間航行，日本船與一般有許可證之商船，皆可自由進出；以誘致第三國家好感，增派外國貨輪往來，爲汪僞廣東當局海關增加稅收。〔註91〕英、葡領事表示沒有任何異議。〔註92〕直到汪僞政權撤換中山縣駐軍司令，指派陳姓將領接任工作，陳姓司令與澳督巴波沙會面，答應會結束一切軍事滋擾，調走在灣仔的部隊；但要求葡澳政府貸款 2 萬元葡幣，資助中山縣政府。葡澳政府同意此一暗盤交易，陳姓司令實踐承諾，消除對澳門所有軍事的威脅，解除李家志的一切職務和兵權。李家志跑到澳門希望東山再起，結果被葡澳警察拘捕，送往帝汶島充軍。30 日，葡萄牙政府對於外界盛傳葡警在澳門附近喇叭島與日軍衝突事件，發表聲明：

〔註89〕 RICARDO PINTO，鄧耀榮譯，〈中立區的炮火〉，頁85。
〔註90〕 馮翠、夏泉，《澳門抗日戰爭研究廣州地區中文資料初編》，頁 15。
〔註91〕 「王芃生致蔣介石」（1940 年 4 月 26 日），〈一般資料（104）〉，《總中正總統文物國史館，典藏號：002-080200-00531-029-002x。
〔註92〕 「毛慶祥致蔣介石」（1940 年 4 月 22 日），〈一般資料（103）〉，《總中正總統文物國史館，典藏號：002-080200-00530-030-001x。

查喇叭島主權問題，久在中葡兩政府談判之中，該島屬中國之一部分，自被日軍占據之後，葡當即派警將另一部分應屬葡者加以占領，乃至發生糾紛，當有吾之非洲摩爾族警士三名，通告失蹤，但並無死傷，關於此事，葡政府自當向日政府提出抗議，與必要之交涉，以維護葡權利云。〔註93〕

1940 年 7 月 16 日，漢奸呂春榮企圖恫嚇葡澳政府，提出無理要求：一、最少任用 2 名偽軍人員在葡澳警察總署為高級職員，協助辦理抗日份子活動，另任用 20 名檢查員，協助檢查貨運走私。二、每日煙賭稅總收入 30%，撥給偽軍，名為協助中山縣建設費。〔註94〕

8 月 1 日，日本派員向澳督巴波沙會面，提出要求：一、在澳門拘捕抗日份子、送交日軍懲辦；二、日軍派員在澳門設立過境登記處、凡澳門經日軍佔領區轉赴內地人員，須先行登記；三、日軍所佔領區，與澳門各水陸客運貨運，須由日軍控制；四、日軍派員在警察廳檢查一切抗日宣傳品，對澳各學校刊物、書店、報章派員嚴密檢查，協助葡澳警察拘捕抗日份子。〔註95〕

葡澳政府一面敷衍汪偽廣東當局，一面派 100 多名特務、警廳職員監視汪偽廣東當局在澳門動態；24 日並派員到香港了解，港英政府最近與汪偽廣東當局協商，會有應對方案。〔註96〕9 月 4 日，日方西野參謀到澳門，與澳督巴波沙會面，提出 3 項要求：1、澳門私貨掃數提交日方。2、抗日份子名單，由日交給澳督執行拘捕，將各犯移交日方。3、取締抗日機構。澳督巴波沙允許 2、3 項，1 項堅決拒絕。日方威脅會出兵封鎖澳門。〔註97〕9 月 13 日，日本南支海海軍特務部長岩越由廣州到達澳門，召開特務臨時會議，了解香港、九龍、澳門等地各方軍備，沿海港灣深淺情形。〔註98〕

〔註93〕馮翠、夏泉，《澳門抗日戰爭研究廣州地區中文資料初編》，頁 15。

〔註94〕「廣東廣西專員致國民政府外交部」（1940 年 7 月 16 日），〈呂逆春榮企圖擾粵與敵恫嚇澳門當局〉，《外交部檔案》，國史館，典藏號：020-042702-0002-0070、020-042702-0002-0071。

〔註95〕「廣東廣西專員致國民政府外交部」（1940 年 8 月 1 日），〈呂逆春榮企圖擾粵與敵恫嚇澳門當局〉，《外交部檔案》，國史館，典藏號：020-042702-0002-0074、020-042702-0002-0075。

〔註96〕《新華日報》（重慶版），1943 年 10 月 10 日。

〔註97〕「戴笠致電蔣介石」（1940 年 9 月 9 日），〈一般資料（104）〉，《蔣中正總統文物》，國史館，典藏號：002-080200-00531-069-001x。

〔註98〕「戴笠致電蔣介石」（1940 年 9 月 18 日），〈一般資料（104）〉，《總中正總統文物》，國史館，典藏號：002-080200-00531-071-002X。

16 日，日方再次向葡澳政府提出 3 項要求：1、在澳門自由拘捕抗日份子。2、在碼頭關口檢查輸出貨物。3、白銀交由日方保管。葡澳政府答應允許 1、2 項，3 項未有接納。國民政府駐葡萄牙公使李錦綸致電葡萄牙政府，要求葡澳政府拒絕日方所有要求。〔註 99〕20 日，日本東亞局長致電駐葡萄牙大使，要求葡萄牙政府禁止由澳門陸路或水路輸出汽油、武器等軍火物資到中國。〔註 100〕

日軍因戰場取得節節勝利，並不顧葡澳政府「中立」面子，全副武裝在港口緝捕本地船，葡澳水警不能開槍反抗。2 艘僞裝成娛樂船的日本機動船，日夜監視澳門港口的動靜。旅居澳門日本人數並不多，事務上都是日本駐香港領事館兼理，直到 1940 年 9 月 7 日，葡萄牙政府向外交部發出密報，根據日本駐香港領事館消息，日本政府有打算在設立澳門領事館。〔註 101〕10 月 1 日，日本駐澳門領事館正式成立。

10 月 12 日，日本駐香港領事接獲外務省任務，安排在香港漢奸和僑民有必要時可撤退駐澳門機關。同時，安排戶根木到澳門，向葡澳政府租借撤退時所需住所。〔註 102〕13 日，日本間諜和知致電駐澳門機關，最遲 20 日前會抵達澳門，以解決中日之間問題爲此行目的。〔註 103〕

但實際上，澳門已被日本所控制，1941 年 10 月 20 日，葡澳政府注意，日本土兵在關閘外面駐守。日本領事和特務成爲當地的「太上皇」，經常有全副武裝的士兵進出賭場和餐館，分文不付。劉光普曾參加中山五桂山抗日遊擊隊，口述當時葡澳政府與日本曖昧的關係：

〔註 99〕 「李漢魂致國民政府外交部 15785 號」（1940 年 9 月 16 日），〈敵圖監視澳門〉，《外交部》，國史館，典藏號：020-042702-0017-0008。「國民政府外交部致電駐葡李公使 15029 號」（1940 年 9 月 18 日），〈敵圖監視澳門〉，《外交部檔案》，國史館，典藏號：020-042702-0017-0009。「特派員習作謙致國民政府外交部 93 號」（1940 年 10 月 2 日），〈敵圖監視澳門〉，《外交部檔案》，國史館，典藏號：020-042702-0017-0015、020-042702-0017-0016。

〔註 100〕「溫毓慶致電蔣介石 26271 號」（1940 年 9 月 14 日），〈一般資料（95）〉，《蔣中正總統文物》，國史館，典藏號：002-080200-00522-146-001x。

〔註 101〕金國平、吳志良《鏡海飄渺》（澳門：澳門成人教育學會，2001 年），頁 153。

〔註 102〕「賀耀祖、戴笠致蔣介石 26768 號」（1940 年 10 月 12 日），〈一般資料（104）〉，《總中正總統文物》，國史館，典藏號：002-080200-00531-080-001X。

〔註 103〕「賀耀祖、戴笠致蔣介石」（1940 年 10 月 18 日），〈一般資料（104）〉，《總中正總統文物》，國史館，典藏號：002-080200-00531-083-002X。

澳門一向保持中立的地位，日本在這裡亦建立了生意，抗戰的時候，日本進行文化侵略，他們在澳門開設報館，宣傳他的「大東亞共榮圈」，又開辦日語班。日本領事在這裡開設了一些特務機關，其中一個領導人叫黃公傑，在澳門很霸道。〔註104〕

11 月 21 日，日方把不重要地帶的佔領軍撤退，集結在石歧、唐家灣、中山一帶，揚言用 1 師團即可佔領澳門，威脅澳督，實則控制水陸交通，企圖封殺香港。〔註105〕

當時日軍重佔灣東的基地，大批炮火對向澳門，鑒於澳門處於無政府的狀態，可掌握水陸樞紐的收費，規定凡經灣東進出澳門，一律徵收每人 2 元葡幣。日軍在中山縣一帶張貼告示，強調是中國的盟友，希望中國、日本、滿洲國能團結一致，共同驅逐在亞洲的白種人；德國和義大利已經控制了歐洲，軸心三國會瓜分天下，中國也可得益。

日本以灣仔的村落作為據點，經常討論軍情，恐嚇日軍可用 20 分鐘攻佔澳門。澳督戴思樂收到有關言論，派武官山拿地上尉到日本辦事處了解情況。大久保大佐解釋有關言論真相被人扭曲，不是日本人倡言，而是汪偽政權的人向日本提供意見，並謂只想跟葡萄牙建立友好的關係。實則日本感到英美兩國在遠東政策日漸強硬，必須加快南進，企圖襲擊香港西側，已派百多名士兵混入澳門境內。〔註106〕

第三節　葡澳政府與國民政府

一、國府懷疑葡澳親日

1938 年 10 月，廣州被日軍佔領後，國民政府就擔心葡澳政府的親日傾向，並積極加以反制。1939 年 3 月 21 日，廣東省政府要求核查吳百煖在澳門被捕一案。吳百煖等人奉國府命令，進行游擊工作，經澳門時，被汪偽政

〔註104〕蔡珮玲，《口述歷史：抗日戰爭時期的澳門》（澳門：澳門東亞大學公開學院同會，2005 年），頁 40。

〔註105〕「王芃生致蔣介石」（1949 年 11 月 21 日），〈一般資料（104）〉，《蔣中正總統文物》，國史館，典藏號：002-080200-00531-104-001x。

〔註106〕「賀耀祖政電蔣介石 7902 號情報」（1940 年 12 月 30 日）〈一般資料（103）〉，《蔣中正總統文物》，國史館，典藏號：002-080200-00530-077-001x。

權陷害。〔註107〕前廣東省主席吳鐵城要求釋放吳百煦等人；並派人到澳門，請葡澳政府查明。葡萄牙駐廣州領事也致電葡澳政府，要求查明眞相。葡澳政府回覆，此案已交由司法機關審理，難以干涉。最後吳被判充軍 31 年。中山縣政府謝秘書與外交部凌士芬商討辦法，提出建議：主張證據不足，應予上訴，不滿審理結果。並由外交部致電駐葡萄牙公使李錦綸，將案情轉告葡萄牙政府，要求重審。惟經過多次交涉，最終未有明確回覆。〔註108〕

5 月 11 日，國民政府外交部致電葡萄牙駐中國公使，揭露葡澳警察局局長葛古育已兩次到訪廣州，是爲與日本合作，談判合作事項包括：一、澳門對面山、前山合併爲澳門領土，關閉在拱北的國民政府海關；二、過路環（路環島）爲日軍軍事基地；三、日軍在澳門設立領事館，擬派和田爲領事館顧問；四、葡澳政府允許日軍利用澳門爲通訊情報基地，杯葛香港；五、葡澳政府的某些成員贊成葛古諾倡導的親日政策。〔註109〕

葡澳政府對日本妥協，不僅爲求自保，還企圖爭取日軍支持，乘戰亂侵佔中國領土。6 月 1 日，重慶情報機關截獲日本外相發給日本駐葡萄牙大使的電報，指出葛古育希望日方支持葡萄牙，佔領澳門鄰近的三個島嶼拱北島、大、小橫琴島；釋放 3 艘被扣押葡萄牙船隻；並將臺灣至廣州的航空路線，延長到澳門等。〔註110〕日葡兩國各自亮出合作的條件，惟最終未達成協定。

1940 年 2 月 20 日早上，日軍向澳門鄰近的拱北，進行武力鎮壓，擊退駐守該區的國軍，摧毀在灣仔的國民政府電臺，不過在當天下午 4 時，日軍即撤出該區。葡澳政府宣稱擁有該區的所有權，21 日，派 120 多名軍警佔領灣仔，籌備興建船務局、郵政局等機關；並擬在下沙崗山頂，建築 7 座炮臺，企圖擴大佔領地。

國民政府駐廣州特派員刁作謙致電駐葡萄牙公使李錦綸要求向葡萄牙政

〔註107〕「國民政府外交部致電中央各軍事學校畢業生調查處」（1940 年 1 月 29 日），〈吳百煦等在澳門被拘案等〉，《外交部檔案》，國史館，典藏號：020-042702-0001-0004。

〔註108〕「廣東廣西特派員刁作謙」（1940 年 4 月 4 日），〈吳百煦等在澳門被拘案等〉，《外交部檔案》，國史館，典藏號：020-042702-0001-0022、020-042702-0001-0023、020-042702-0001-0024、020-042702-0001-0025。

〔註109〕葡萄牙外交部歷史──外交檔案，2oPA48, M217，轉引自金國平、吳志良：《抗戰時期澳門未淪陷之謎》，《行政》（澳門）2001 年第 51 期。

〔註110〕「毛慶祥致電蔣介石」（1939 年 6 月 1 日），〈一般資料（62）〉，《蔣中正總統文物》，國史館，典藏號：002-080200-00489-019。

府對質，爲何曾用港幣 2 萬元作爲交換條件。葡萄牙商人哲勃葛向駐香港辦事處表示全非事實，葡澳政府行爲只是防禦性質，沒有佔據之意，葡萄牙政府願維持中澳邊界，對中日間糾紛態度從未改變。〔註111〕

　　國民政府外交部致電中國駐葡萄牙公使李錦綸，希望與葡萄牙政府交涉。葡萄牙政府外交部回覆：「日本佔領拱北時，葡澳政府只是派軍隊防禦，鄭重聲明會一直維持中葡劃界現狀。」李錦綸認爲葡澳政府只是表面上宣稱保持「中立」，但實質趁火打劫，擴大中葡劃界線。4 月，汪僞政府屬中山縣駐軍在日軍協助下，擊退在灣仔的葡澳軍警，控制整個拱北。

　　1940 年 11 月 13 日，國民政府秘書處截獲華南日軍與葡澳政府簽署「秘密外交協定」的電報，雙方自 6 月開始，至 9 月中秘密協議，10 月 1 日起生效。日方代表安藤利吉及和知鷹二 2 人代表簽字，葡方由葡澳代理總督毛殿弩（Moutinho）和警廳長蒙德宏 2 人代表簽字，全文計 28 條，附文 2 項：日方會維持澳門「中立」現狀，葡澳政府與華南日軍友誼互惠精神，協助葡澳政府處理在澳的日僑，條件是葡澳政府遠離國民政府，承認汪僞政府，並與合作。〔註112〕

　　1941 年 4 月 21 日，國民政府外交部部長郭泰祺指出，日本駐澳門特務機關要求里斯本承認汪僞政府：「澳門敵特機關近奉命向澳門政府提出關於承認汪僞政權、協助敵僞誘致華僑學校及工商團體，改懸汪僞國旗、服從僞政府法令等三項要求，澳政府正考慮答覆等」。〔註113〕國民政府爲防止葡澳政府接受日方無理要求，派廣東、廣西特派員向葡澳政府交涉，駐兩廣特派員公署秘書凌士芬爲代表，與澳督會談 1 小時。澳督表示並沒有承認汪僞政府，在澳門華僑學校、工商團體改掛汪僞政府的國旗，服從汪僞政府法令等要求。〔註114〕葡萄牙政府只承認重慶國民政府，在澳門民衆有 85%是擁護重慶國民政府。在兩個月前，汪僞政權有派人與商會主席會面，純屬私人活動。幾日

〔註111〕「王寵惠致電蔣介石 22940 號」（1940 年 4 月 21 日），〈一般資料（101）〉，《蔣中正總統文物》，國史館，典藏號：002-080200-00528-025-001x。

〔註112〕「國民政府致中央執行委員秘書處」（1940 年 11 月 13 日），〈敵圖監視澳門〉，《外交部檔案》，國史館，典藏號：020-042702-0017-0017、020-042702-0017-0018、020-042702-0017-0019。

〔註113〕「國民政府軍事委員致電國民政府外交部 3861 號」（1941 年 4 月 21 日），〈敵圖監視澳門〉，《外交部檔案》，國史館，典藏號：020-042702-0017-0037。

〔註114〕「廣東廣西特派員致國民政府外交部 44 號」（1940 年 5 月 18 日），〈敵圖監視澳門〉，《外交部檔案》，國史館，典藏號：020-042702-0017-0044。

前，有 5 名日人不守本地法令，被葡澳政府驅逐出境。澳督同時表明，在澳門不論是什麼人，沒有圖謀不軌和妨礙治安，都一律會受到葡澳政府保護。5月 22 日，凌士芬回覆國民政府：「澳督表示，日方並未向澳政府作上項要求。蓋承認一事，權在葡政府，日方無向澳門政府提出之理」。〔註 115〕

國民政府屢次接獲葡澳政府對日妥協，有損害中國權益的情報，對葡澳政府採取不信任態度。蔣介石任命中國駐英國大使郭泰祺為外交部長，取代前部長王寵惠，出訪美國，爭取美國對中國援助。5 月，郭泰祺準備返國，乘坐飛機會途經澳門。蔣介石擔心他恐有不測，25 日致電駐美國大使胡適，請轉告郭泰祺：「兄到菲律賓後，最好密乘船轉港，再飛渝。以菲到港之飛機，須先經澳門飛港，現在澳門已為敵軍所控制，請注意」。〔註 116〕

蔣介石還拒絕孫中山女婿戴恩賽給華務局局長施多尼（Antonio Maria da Silva）授勳的請求。1941 年 6 月 4 日，戴恩賽在澳門致電國民政府：「澳門華民政務司施多尼氏在澳任職有年，平素對於華僑愛護備至，諸多援助……明春任滿退休，華僑之曾受被覆者，皆願祖國政府有所獎勵」。〔註 117〕7 月 19日，蔣介石回覆戴恩賽：「查勳章條例業已頒佈施行，惟新勳章之鑄製，尚須時日。此案擬俟新勳章經國府製定可以頒給時，再行匯案核辦」。〔註 118〕實則蔣介石拒絕原因，係不滿施多尼承澳督巴波沙命令，鎮壓國民黨在澳門的抗日活動。

二、葡澳驅逐國府人員

1939 年 9 月 16 日，葡澳政府屈從日軍要求，以「國民黨澳門支部設在媽閣街 15 號中德中學內，糾集抗日分子，作種種抗日運動，危害澳門治安。」〔註 119〕為藉口，到澳門黨部搜查。19 日，經交涉後，以沒有危害澳門治安，黨部取回部分文件。21 日，當局分別召見澳門商會主席徐偉卿、南京國民會

〔註 115〕「王寵惠致電廣東廣西特派員」（1941 年 5 月 19 日），〈敵圖監視澳門〉，《外交部檔案》，國史館，典藏號：020-042702-0017-0040。

〔註 116〕葉惠芬，《蔣中正總統檔案──事略稿本》（46），（台北：國事館，2010 年 7月），頁 682。

〔註 117〕「戴恩賽致電國民政府 3825 號」（1940 年 6 月 10 日），〈保護僑民請獎〉，《國民政府》，國史館，典藏號：001-035130-0006。

〔註 118〕「戴恩賽致電國民政府 3825 號」（1940 年 6 月 10 日），〈保護僑民請獎〉，《國民政府》，國史館，典藏號：001-035130-0006。

〔註 119〕吳志良，《澳門政治制度史》（廣州：廣州人民出版社，2010 年 1 月），頁 185。

議澳門區選國民代表之澳紳盧煊仲、中華教育會主席梁彥明等人，出言恐嚇分化：

> 本年「八一三」獻金時，你請周某（雍能，國民黨澳門支部負責人）主持，爾後周某對澳僑便發號施令，儼然領導僑民，奪主喧賓。此時「九一八」籌備，復事以周某之意為依據，策動抗日，實於澳門地方不利。囑余安分營商，勿參與抗日運動。〔註120〕

告誡他們不要參與抗日活動，立即撤銷在灣仔廣慈醫院內的抗日電臺，否則驅逐出境。並請盧煊仲和梁彥明幫忙，相約周雍能會面。周雍能以葡澳政府不懂國際禮儀為由，拒絕赴約。

22日，施多尼在梁彥明陪同下，殷勤招待周雍能，表示奉澳督巴波沙的意旨發言：

> 澳門恪守中立，在澳不能有抗日舉動。並申言澳政府之對蔣介石、對汪精衛以及對日本人，均一體看待。灣仔與澳門相隔，灣仔如受空襲，足以影響澳門安全。聞灣仔設有廣播電台，秉承重慶政府意旨抗日言論，日木方面聲言將施以轟炸。如果此則偶一差池，即有彈落澳門之危險，其妨害澳門繁榮誠非淺鮮。應請將該電台克日撤銷。〔註121〕

周雍能為了中葡友誼和澳門安全問題，有禮貌地回覆：

> 則九月十六日之事即為不友誼行為。蓋事先未聞澳府有任何通知，突作武裝搜查，持械恐嚇形同敵盜，有違中葡敦睦之邦交。……中葡友好數百年，中國現有國難，葡國應當幫助。即使澳政府對華人愛國不作友誼幫助，亦應對駐在澳門之日人活動加以嚴格之取締，方符合澳府之所謂中立態度。〔註122〕

周雍能、梁彥明二人當場拒絕葡澳政府的要求。26日，國民黨總支部主任委員吳鐵城發函讚許周雍能：「事後該同志與華務局長談話，立場堅定，應付得體，至深嘉慰！尚望本此精神，繼續努力。」〔註123〕澳門各報章刊登周雍能的政治身份（國民黨澳門支部常務委員），被葡澳警察逮捕監禁，不久驅

〔註120〕黃鴻釗，《中葡澳門交涉史料》（第二輯）頁321。
〔註121〕黃鴻釗，《中葡澳門交涉史料》（第二輯），頁322。
〔註122〕黃鴻釗，《中葡澳門交涉史料》（第二輯），頁322。
〔註123〕國民政府行政院檔案，（22）417號。

逐出境。11 月 20 日，國民黨澳門支部因不滿葡澳政府到澳門黨部搜查，致函國民政府行政院：

> 幸警探誤入僑務處黨部，文件未有所獲，事後周同志不肯規避，仍然積極策動討逆。漢奸不甘失敗……冒名快郵代電分寄國內……謂周同志不應以中國官吏居留在澳門……。實則僑務處在澳門設通訊處早經僑委會核准有案……且周同志奉命兼澳門支部常委，便非常駐澳門不可。漢奸不知此中事實以爲捏造此罪名。〔註124〕

周雍能晚年回憶：

> 我到澳門工作不久，因某次集會爲報紙洩漏身份，澳門總督巴波沙徇日軍要求，即派六名武裝警察，於拂曉將我從中德中學捕去，並搜查全身。（吳）鐵城先生在港聞訊，立刻糾合其他同志拼命營救。澳門商會會長徐偉卿與巨紳天主教崔樂枝先生等，亦從中活動，故澳督不敢將我引渡給日軍，祇判驅逐出境，不許在澳門活動。〔註125〕

先是 1940 年 6 月 28 日，澳督巴波沙因容許在澳門走私、售賣鴉片，引起國際間不滿，被葡萄牙政府召回，以對此事件負責，隨後被革職。離任後，在 7 月 10 日病死。葡文報紙《澳門之聲》刊登有關澳督巴波沙因病逝世的死訊，乃由工務局工程師冒典玉暫代澳督一職，其是「民族聯盟」的常務理事。海軍上尉賈比爾‧毛里斯奧‧戴思樂被委任爲新澳督，當時他正在東非殖民地莫比克給任職，對遠東地區毫無了解。戴思樂乘坐「妮阿沙」號從馬忌士港出發，10 月 29 日抵達維多利亞港，再轉乘「老江沙路」直達澳門。

　　戴思樂抵達澳門後，一改巴波沙在任期間，單方面壓制國民黨在澳門抗日活動的作法，轉而注重在重慶國民政府、日本政府、汪僞政府之間，設法取得平衡。1941 年 9 月 12 日，戴思樂秘密邀請周雍能重返澳門。周雍能回憶與戴思樂的交往：

> 巴波沙病歿，新任總督德拉賽（即戴思樂）係軍人出身，性情爽直，在態度上反德，對日本亦無好感。我有此情報，遂經由天主教徒之安排，又重返澳門工作。我一方面結交新總督，一方面拉攏總督底下的幾位處長，雙管齊下，相互爲用。德拉賽有意攀扯蔣委員長的

〔註124〕 黃鴻釗，《中葡澳門交涉史料》（第二輯），頁 320。
〔註125〕 中央研究院近代史研究所，《周雍能先生訪問紀錄》（台灣：中央研究院近代史研究所，1984 年 6 月），頁 150。

關係，故待我如上賓，昔日階下囚，今朝座上客。〔註126〕

周雍能向國民政府彙報會談內容，指澳督戴思樂直接將8月27日日本駐澳門領事館的緊急通牒，和葡澳政府答覆公函，交給周雍能閱讀，以向國民政府示好：

> 轉達抗議三事：一、重慶所需軍用品多有經由澳門轉達內地者，澳門政府多有協助；二、重慶方面在澳門設有政治機關甚多，而澳府不加取締；三、重慶方面宣傳品在澳門印行或運澳銷流者，充塞市面，而澳府坐視。並一再申述上項三點之一般情形，顯見澳府協助重慶之重大關係。〔註127〕

葡澳政府答覆公函：

> 政府對中、日二國衝突，向持中立態度，且澳門亦一再接奉葡京嚴守中立之命令。吾人感覺澳門政府了無對日敵對情形。對於貴軍部所顧慮各節，貴領事自可將在澳所見情形，爲之解釋。澳門更希望常此維持中立，共敦睦誼。〔註128〕

周雍能表示感謝澳督戴思樂誠懇態度：

> 日方抗議三點，均與事實不符……我軍用品早賴西南、西北等幹線之運輸，任稱利便，無須經澳內運，事實上亦不可能。走私轉運之輩，係與偽組織、日方勾結……又，此係商私利，並無與於國家……日方所稱我中央在澳之組織……只有全澳公開秘密的國民黨澳門支部一處而已……且貴府亦曾認國民黨支部之存在，於澳門地方治安未嘗無助。〔註129〕

澳督戴思樂頻請周雍能轉告國民政府請勿誤會。〔註130〕周雍能回覆：「吾人友誼篤好，決非誤會……總之，日方所提三點，無非故意偽造事實，藉口

〔註126〕中央研究院近代史研究所，《周雍能先生訪問紀錄》，頁151。

〔註127〕「國民黨中央執行委員會政國民政府外交部」（1941年9月12日），〈敵圖監視澳門〉，《外交部檔案》，國史館，典藏號：020-042702-0017-0026。

〔註128〕「國民黨中央執行委員會政國民政府外交部」（1941年9月12日），〈敵圖監視澳門〉，《外交部》，國史館，典藏號：020-042702-0017-0026。

〔註129〕「國民黨中央執行委員會政國民政府外交部」（1941年9月12日），〈敵圖監視澳門〉，《外交部檔案》，國史館，典藏號：020-042702-0017-0027。

〔註130〕「國民黨中央執行委員會政國民政府外交部」（1941年9月12日），〈敵圖監視澳門〉，《外交部檔案》，國史館，典藏號：020-042702-0017-0027。

生事，所謂抗議，想係例行之舉」。〔註131〕

12月8日，日本在發動太平洋戰爭，25日香港淪陷，澳門成為日軍包圍下孤島。葡澳政府心思已轉向討好華南日軍和汪偽廣東當局，把重返澳門的國民黨澳門支部常務委員、廣東僑務處處長周雍能等人，強迫逐至內地。直到日軍在戰場節節退敗，葡澳政府心思才再一次轉向討好國民政府。

三、走私囂張與暗殺頻傳

中葡兩國在澳門的邊界含糊不清，有些地方處於兩不管的狀態，便為走私提供了方便之門。日商走私的設置點，偏重華中和華南，特別是華南 3 個外國人佔領和租借的香港、澳門和廣州灣，聚集大批日本走私的公司。從澳門可以經水路，繞越港灣紛歧的西江水道，運至三埠港。

走私在澳門是有利可圖的，葡澳政府不僅放寬日方的走私，有時還會積極參與，代日軍收購鎢礦、青麻等軍需品，甚至警察廳長布英沙、經濟局長高可寧等人，也都參與。葡澳政府允許日軍懸掛葡萄牙國旗，運送戰爭物資；同時會默許葡商走私，增加政府收入。如在 1940 年 3 月 11 日，2 艘走私帆船載滿 200 餘箱桂皮，經中山海面，實質是葡商羅德洋行走私煙草和武器，共值 20 多萬元。洋行專門代日方的「海珠丸」號、「白銀丸」號、「海州丸」號採購貨物，與葡澳水警勾結，由澳門進出入貨，經淪陷區持有洋行相關證件，日方即予放行。葡澳探長施基喇曾向拱北關緝私處疏通，緝私人員不必太認真，容易產生誤解，〔註132〕經國民政府緝私船查獲，葡澳水警以緝私船越界為由截停，緝私船沒有懸掛旗幟，視為賊船，〔註133〕用機關槍和鋼炮還擊，緝私船人員沒有抵抗，聽到炮聲即跳船逃生，緝私船裡武器、貨物、各人員被扣留。擊斃船員 1 名，傷 8 名，扣留 12 名人員。〔註134〕

〔註131〕 「國民黨中央執行委員會政國民政府外交部」（1941 年 9 月 12 日），〈敵圖監視澳門〉，《外交部檔案》，國史館，典藏號：020-042702-0017-0027。

〔註132〕 「吳鐵城致中央執行委員會海外部 2767」（1940 年 4 月 25 日），〈澳門當局擬派葡警阻日軍及中澳衝突〉，《外交部檔案》，國史館，典藏號：020-042702-0018-0068、020-042702-0018-0069。

〔註133〕 「葡萄牙外交部致電重慶政府外交部 12770 號」（1940 年 4 月 5 日），〈澳門當局擬派葡警阻日軍及中澳衝突〉，《外交部檔案》，國史館，典藏號：020-042702-0018-0046。

〔註134〕 「駐香港支部致國民政府外交部」（1940 年 2 月 12 日），〈澳門當局擬派葡警阻日軍及中澳衝突〉，《外交部檔案》，國史館，典藏號：020-042702-0018-0045。

　　為此，廣東全省緝私處中山辦事處主任黃奮銳到澳門調查，但被葡澳探員嚴密監視。14 日，派凌士芬秘書到澳門調解，並致電葡萄牙駐廣州領事，轉告澳督，聲明會保留一切權利。〔註135〕9 日葡澳政府派 1 艘電船來檢查，10 日葡澳政府派 2 艘電船來檢查。11 日葡澳政府派 6、7 武裝電船包圍，開炮還擊。葡澳政府回覆黃奮銳：

　　問：貴處船隻究竟在中國海面停泊，抑在澳方停泊？

　　答：本處船隻本停泊灣仔中國海面，惟有時或過海面亦不定。

　　問：貴處船隻如果停泊在澳海面，有沒通知澳當局？

　　答：根據過去習慣，本處船隻時有寄泊在澳門海面，惟時間暫最多

　　　　12 小時，無此次之長久，故此比未為通知澳方。〔註136〕

　　16 日，黃奮銳致澳督表示不滿，緝私船經常停泊灣仔海面，有時因潮水關係、非常時期為避難而靠近。葡澳政府並沒有體諒，相反派水警拘留，被擊斃和失蹤人員無法追查。葡澳政府應尊重雙方邦交和體諒。〔註137〕澳港務局回覆，曾用擴音筒表明來意，此事多少矛盾，都已交由廣東省政府財政廳緝私處處理，葡萄牙政府會尊重邦交和睦，嚴守中立態度，無論任何船隻停泊在澳門水域，都應尊重葡澳政府職權。〔註138〕

　　1940 年 5 月 31 日，葡萄牙政府外交部致電葡澳政府，釋放扣查船和船員，葡澳政府以澳門鄰近地區被日軍佔領為由，並沒有國民政府代表無法轉移，要求派特派員在香港接洽。〔註139〕6 月，葡澳政府扣留緝私船，廣東省政府

〔註135〕「廣東廣西特派員致國民政府外交部 409 號」（1940 年 4 月 19 日），〈澳門當局擬派葡警阻日軍及中澳衝突〉，《外交部檔案》，國史館，典藏號：020-042702-0018-0048、020-042702-0018-0049、020-042702-0018-0050。

〔註136〕「廣東廣西特派員致國民政府外交部 409 號」（1940 年 4 月 19 日），〈澳門當局擬派葡警阻日軍及中澳衝突〉，《外交部檔案》，國史館，典藏號：020-042702-0018-0051、020-042702-0018-0052。

〔註137〕「專員黃奮銳致葡澳總督」（1940 年 3 月 16 日），〈澳門當局擬派葡警阻日軍及中澳衝突〉，《外交部檔案》，國史館，典藏號：020-042702-0018-0054、020-042702-0018-0055、020-042702-0018-0056。

〔註138〕「廣東廣西特派員致國民政府外交部」（1940 年 4 月 16 日），〈澳門當局擬派葡警阻日軍及中澳衝突〉，《外交部檔案》，國史館，典藏號：020-042702-0018-0057、020-042702-0018-0058。

〔註139〕「葡萄牙外交部致電重慶政府外交部 106 號」（1940 年 8 月 9 日），〈澳門當局擬派葡警阻日軍及中澳衝突〉，《外交部檔案》，國史館，典藏號：020-042702-0018-0092。

派特派員到澳門，剛好澳督生病，不能說話，改由澳港務局長會面。局長表示並非管理範圍，無從辦理，請駐葡萄牙大使向葡萄牙政府交涉，葡澳政府才可釋放扣查船和船員。次日，澳港務局長表示沒有接到葡萄牙政府命令，並指汪偽廣東當局曾向葡澳政府交涉，歸還船上武器和貨物。〔註140〕

國民政府駐葡萄牙公使李錦綸向葡萄牙政府會面，再次要求向葡澳政府放扣查船和船員。〔註141〕直到9月3日，葡澳政府扣押11名人員經法院審判有期徒刑18個月，每人每天需罰港幣1元；如無力繳交，再加有期徒刑18個月。18日，法院再次審判，宣判有期徒刑6年或充軍，並會歸還船隻和武器。〔註142〕

當時葡澳政府遇到的難題，還有效忠國民政府的抗日人士和國民黨的特務，一直潛伏在澳門，專門突襲偽軍和漢奸。1940年除夕晚上，三名抗日份子闖入山頂仁伯爵醫院，用斧頭襲擊日本特務。過程中，有一名葡籍退休軍人安東民少尉被殺。澳督戴思樂怕日方抗議，只好提前向大久保大佐解釋：「安東民少尉只是一般執行任務時，因公殉職的意外事件」。〔註143〕所以政治色彩的暗殺案，層出不窮。漢奸因有日本背後支撐，出入高級場所，爲了賭場上的利益，集結不同的幫派互相衝突。有一次，清理中央酒店賭場內的炸彈時，一名摩囉兵被炸重傷。幾個月後，偽政權中山縣長訪問澳門時，被人暗殺。澳督戴思樂爲了避免不必要的煩惱，曾在全澳展開大規模的搜捕行動。

汪偽政府官員、日軍、漢奸在澳門肆意活動，經常會被在澳門國民黨支部暗殺。1941年8月10日早上7點，居住在澳門塔石附近亞豐素雅布基街34號的汪偽政府官員何光榮（原廣東軍警），佩戴左輪手槍和妻子在家門前散步。忽然三名身穿白衣西裝的刺客，向何光榮連開3槍，分別擊中其上胸、左腹、右乳，何光榮還未拔槍就倒地斃命。汪偽政府要求葡澳政府懲治兇手，

〔註140〕「廣東廣西特派員致國民政府外交部66號」（1940年7月23日），〈澳門當局擬派葡警阻日軍及中澳衝突〉，《外交部檔案》，國史館，典藏號：020-042702-0018-0088、020-042702-0018-0089、020-042702-0018-0090。

〔註141〕「廣東廣西特派員致國民政府外交部」（1940年10月8日），〈澳門當局擬派葡警阻日軍及中澳衝突〉，《外交部檔案》，國史館，典藏號：020-042702-0018-0102。

〔註142〕「國民政府外交部致駐葡李公使292343號」（1940年10月5日），〈澳門當局擬派葡警阻日軍及中澳衝突〉，《外交部檔案》，國史館，典藏號：020-042702-0018-0101。

〔註143〕RICARDO PINTO，鄧耀榮譯，〈中立區的炮火〉，頁90。

不料 9 月 10 日，汪僞政府官員，軍統局廣州通訊站站長李式曾又被當街擊斃。〔註 144〕僞政府官員、漢奸相繼在澳門斃命，30 日，汪僞政府外交部司長胡道維從南京專程趕到廣州，向葡澳政府交涉，態度十分強硬，必要時會用武力占領澳門。葡澳政府保證今後防止同樣事件發生。

四、葡澳政府與港英政府

早在珍珠港事變之前，英國國防部就擔心，如果日本在葡萄牙的讓步中得到好處，香港將來很容易遭到以海岸爲基地的日軍飛機攻擊。港英政府警告葡澳政府，要提防日本的圖謀。葡澳政府也清楚明白日本的企圖，他們的勢力不斷地擴張，擔心有一天會損害到澳門的中立，以及領土的完整性。

澳督巴波沙在中日戰爭期間，有良好的外交手腕，和日本人保持關係，經常邀請日人到澳督府茶聊，造成港英政府的不滿和猜疑。1938 年 12 月，東京《朝日新聞》以「華南經濟實力」爲題，刊登有關澳門與廣州興建直通鐵路的消息，謂日方準備在澳門投資大型通訊和無線電發射中心，取代香港的地位。相關報導被《香港郵政》（H.K. Telegraph）轉載，指日方派人到澳門了解有關的工程。而事實上，僅是一名日本記者曾與澳督巴波沙進行不足 15 分鐘的會面，內容只是一般性的訪問。所謂大型的建設，只不過是日方故意製造出來的言論，以打擊香港的經濟和地位。同時，日方向華南的居民發表公告，表示他們「願意成爲中國人的兄弟，希望把中國變成一個人民自由而不是遭奴役的國家。」〔註 145〕

英國駐上海的商務專員到廣州，向葡萄牙駐廣州領事莫嘉度了解鐵路的事態，談到日本的目的，是要招惹英國人，什麼事都可以做得出來。這條鐵路的興建，會威脅到廣九鐵路的股東，運輸量會減少。日方說要建鐵路的目的，是要幫助澳門建立港口；莫嘉度則認爲日方是要把澳門，甚至葡萄牙拉入戰局：

> 沒有一個國家會毫無自身的目的地，去幫助另一個國家，尤其在不需要對方時。……不管是從外交方面，還是從貿易方面……我不相

〔註 144〕「賀耀祖、戴笠致蔣介石」（1940 年 9 月 26 日），〈一般資料（105）〉，《蔣中正總統文物》，國史館，典藏號：002-080200-00532-030。

〔註 145〕（葡）莫嘉度，《從廣州透視戰爭：葡萄牙駐廣州總領事莫嘉度關於中日戰爭的報告》，頁 212。

信他們會跟我們合作。〔註146〕

此時，澳督巴波沙派葡澳警察局局長葛古育到東京了解情況。日本再次製造言論，謂天皇將頒授勳章予葛古育，《朝日新聞》報導：「葡萄牙承認滿洲國，並答允讓日本在澳門開設領事館。」〔註147〕報導一出，國際間十分關注，特別是港英政府，如葡萄牙承認滿洲政府，將會破壞盟國孤立日本的外交政策。葡澳政府和葛古育極力解釋：「我本人從未接受日本新聞界的採訪。……只讓日本的《朝日新聞》拍了一輯照片……料不到日本報界會製造虛假的新聞。」〔註148〕

1939 年 2 月 13 日，澳督巴波沙與秘書嘉華浩夫婦，乘坐葡萄牙輪船到香港，與港督羅富國（Sir Geoffry Alexander Stafford Northcote）會面，商討港澳聯合增強防禦工作。英方保證，澳門一切所需，港英政府會配合。〔註149〕延至珍珠港事變前夕，葡澳政府猜疑日方有打算攻佔香港；練習水上飛機時，隊員看到在澳門水域不遠處，有一列艨艟艦隊，識別出為日本大型戰艦；加上中山縣當地情報，日方集結了 5 個師的兵力，隨時攻佔香港。澳督戴思樂基於道義上，曾到港英政府提供有關資料，並請及早防範。1941 年 12 月 3 日，戴思樂回到澳門，港英政府已把所有重要文件送往新加坡，並作出兵力安排。8 日，太平洋戰爭即告爆發，25 日日軍攻佔香港，澳門成為內地、歐美等國運送物資主要的途徑。日軍為了切斷澳門到內地軍事運輸線，對葡澳政府施壓和威脅。葡澳政府為了自保，怕激怒日軍，一直作出妥協和讓步。

由於澳督巴波沙具有良好的外交手腕，與日方保持關係，遂經常招致其他國家的不悅和猜疑。1940 年 6 月 28 日，里斯本向澳督巴波沙急電，美國駐國聯代表向大會呈交有關葡澳政府違反國際公約的證據，可能要對澳門作出懲罰，謂在 1938 年期間，葡澳政府容許走私和販賣鴉片。美國指出《香港郵政》的報導，大部分鴉片經澳門再轉口到日本，內容精準報導走私船隻的名稱、編號、交易時間、水域等。

葡澳政府否認相關新聞，辯稱沒有把鴉片轉口到日本。葡萄牙總理沙拉

〔註146〕（葡）莫嘉度，《從廣州透視戰爭：葡萄牙駐廣州總領事莫嘉度關於中日戰爭的報告》，頁 211～212。

〔註147〕 RICARDO PINTO，鄧耀榮譯，〈中立區的炮火〉，頁 80。

〔註148〕 RICARDO PINTO，鄧耀榮譯，〈中立區的炮火〉，頁 80。

〔註149〕「賀耀組政電蔣介石 13515 號情報」（1939 年 2 月 20 日），〈一般資料（91）〉，《蔣中正總統文物》，國史館，典藏號：002-0800200-00518-077-001x。

薩一度把澳督巴波沙革職，經重新思考在這期間換人，可能會為澳門帶來負面影響。在澳督巴波沙革職期間，代理澳督古艾約上尉的電報，指出澳門黑市鴉片十分嚴重：

> 根據鴉片管理委員會（鴉片公管局）第二十七次工作會議的結論，肯定證明有私煙（鴉片）入口，這個報告有別於先前由經濟廳提供的資料，……實在很難取締這類走私活動，毒販採用無孔不入的方式進行交易，令緝私人員疲於奔命。〔註150〕

走私集團大多數在晚上行動，會偽裝成漁船，與載有鴉片貨船，透過暗號進行交易。合法和不合法的鴉片是可以增加政府額外稅收，也可以抵銷對博彩的依賴，但走私鴉片有損葡萄牙的形象。新總理沙拉恢復澳督巴波沙職位，並要求緝私鴉片工作。國際間允許澳門可以每年合法進口四百五十標準箱的鴉片，可舒緩癮君子的需求。葡澳政府開始戒毒工作，減少鴉片進口。

〔註150〕RICARDO PINTO，鄧耀榮譯，〈中立區的炮火〉，頁88。

第三章　葡澳政府在澳措施

第一節　「風潮時期」之澳門

　　1941 年 12 月，珍珠港事變爆發，英屬香港和九龍被佔領。澳門鄰近地區相繼淪陷，日方肆意橫行，澳門局勢更為嚴峻。澳門在政治和經濟上是全面依賴香港，糧食是依賴中國華南地區，太平洋戰爭開始後，無法自給自足。身處中國大陸和日本海軍的夾縫險境中，無法依靠自己生存，只好對日方妥協、讓步，採用「隨風倒」政策。〔註1〕葡澳政府以「中立」身份，允許日軍在澳門停泊，暗許在澳門設立特務機關，四處搜查抗日份子，利用澳門新聞媒體宣揚「大東亞共榮圈」；也以「中立」為藉口，不同意國民政府在澳門附近地區和海域設防。〔註2〕國民政府忙於戰爭，對於葡澳政府的行為無可奈何。

一、澳門經濟變相繁榮

　　1941 年 12 月 7 日，太平洋戰爭爆發，日軍大舉南進，橫掃東南亞地區，攻佔廣東一帶。12 月香港淪陷，澳門成為真正的「孤島」，進入了三年零八個月的「風潮時期」。〔註3〕澳門周邊地區都被日本所佔領，因澳門是「中立」區，所有進出口的貿易都集中在澳門，加速澳門對外貿易的增長。

　　1937 年，對外貿易總額 35,731,327 葡元，1941 年，增加到 49,173,489 葡

〔註 1〕黃慶華，《中葡關係史（1513～1999）》下冊，頁 1031。
〔註 2〕陳東林，《澳門旋風》（上海：上海世界圖書出版公司，1998 年 12 月），頁 213。
〔註 3〕鄧開頌、吳志良、陸曉敏《粵澳關係史》，頁 439。

元，〔註4〕同時，爲某些行業，特別是博彩業，帶來意外的繁榮。從廣州、香港等地逃難到澳門的人潮中，有不少巨商富賈，他們帶來不少的巨額的黃金、白銀和外幣，使澳門的銀號、銀牌、錢台和兌換點林立。給澳門帶來更多財富，也帶動澳門消費業的發展。

旅店業是最受惠的行業之一。1939 年，澳門的旅店數量和住客人數較 1937年大幅增加。隨著更多旅客來澳門，澳門當時最著名的中央酒店一直在擴建。新馬路與福隆新街附近的中、小型酒店紛紛開張。〔註5〕金融業也興盛起來，因局勢動蕩，原在內地經營的銀號和金鋪，轉移到澳門繼續經營。澳門流通各種貨幣，貨幣的匯價起伏較大，出現不少炒賣外幣和黃金的活動，使澳門成爲遠東地區的炒金中心。難民們出於日後的需要，把隨身携帶的金銀兌換成銀圓。

早在 1847 年，葡萄牙中央政府宣佈博彩活動在澳門屬合法化。在過去，澳門一直以賭博馳名，1937 年，港澳的富商高可寧、傅老榕組成的泰與娛樂總公司以每年承諾繳稅 180 萬元的條件，取得澳門賭場專營權，賭稅成爲葡澳政府最重要的收入來源。〔註6〕因澳門周邊戰區紛起，大量難民湧入，部分富裕難民成爲賭場的常客，使澳門成爲最著名的東方地區賭場，有「東方蒙地卡羅」的稱號。

葡澳政府鍾情於「煙、賭、妓」三大行業，把它們視爲澳門經濟命脈。居民和難民在饑寒交迫中掙扎救存時，澳門賭場、煙館、妓院林立，娼妓和鴉片煙床數以千計，賭場工人也有七八百人之多。內地漢奸、特務、土匪把澳門視爲銷金窟，把不義之財到這裡尋歡作樂。〔註7〕押業是伴隨賭博業的發展，遍佈在賭場周圍街道，典當生意十分興旺，大型押鋪，稱「按」；小型押鋪，叫「押」。1940 年前後左右，澳門估計有大押或按 14 家，押 20 餘家，收賣回收店 50 多家，押鋪會按期的長短抽利。

在 1946 年之前，澳門經營的鴉片是合法，可以在本地售買和吸食，因爲

〔註4〕澳門培正史學學會，《紅藍史地95》（4），（澳門：澳門培正中學，1995 年 12月），頁 33。

〔註5〕吳志良、婁勝華，何偉傑，《中華民國專題史（18）——革命、戰爭與澳門》，頁 252。

〔註6〕吳志良、婁勝華，何偉傑，《中華民國專題史（18）——革命、戰爭與澳門》頁 253。

〔註7〕徐彬，《話說澳門》（吉林：吉林攝影出版社，1998 年 9 月），頁 270～271。

周邊地區的香港和中國大陸，早就禁絕鴉片。澳門因「孤島」的關係，成爲吸食鴉片煙的天堂。澳門是遠東地區鴉片貿易與轉運中心，也是合法進行鴉片加工制作與消費的地區。澳門設有存放鴉片的「洋藥貨棧」，開設鴉片煙膏的加工廠「煙膏配製場」。

葡澳政府設立專門買賣鴉片的管理機構「鴉片專賣局」，專門負責鴉片的開標承投等經營，也是葡澳政府財政重要收入之一，佔財政收入的三分之一。在澳門公開售賣鴉片煙商店多達 80 餘間，提供吸食鴉片的煙館多達 50 餘間，每間煙館煙桌多則有 30～40 張，少則 10 多張，總數加起來有數千張以上。〔註 8〕

鴉片和賭博使澳門有強烈對比，有錢人每天飲醉而嘔吐，都會有人撿嘔吐物來吃。杜甫詩所謂「朱門酒肉臭，路有凍死骨」，有不少有錢人逃離澳門，過著醉生夢死的生活，相反，每日都有數以百計的人餓死街頭。葡萄牙學者史維拉・馬沙度針對澳門「風潮時期」有一番的描述：「正當大部分的澳門人陷於飢寒交迫的境地，一小撮人卻夜夜笙歌，醉生夢死……往那裡尋歡的人都是抱著一種末世的心態。」〔註 9〕

澳門幣雖然穩定，但流通額有限，除了交稅和政府財務使用澳門幣外，大多數都使用香港的港幣、廣東的雙毫和毫卷、中央政府發行的銀元（大洋）。葡澳政府面臨兩次貨幣政策衝擊。第一次是港幣大幅度貶值。澳門市場流通貨幣主要西洋紙、毫銀和港幣。香港淪陷後，日軍大規模收集港幣，用作在國際市場購買軍火。日軍規定香港居民必需將港幣兌換軍票，比率一直下降，從 1 比 1 到 8 比 1，〔註 10〕持有港幣的人對港幣失去了信心，大幅提升使用西洋紙。〔註 11〕廣東毫銀成爲澳門金融市場主要的貨幣，但毫銀數量不足、携帶不方便，市民大多數存放銀號。世界白銀市場銀上漲，中國內地白銀不斷流入上海，再由上海流向國外，形成「白銀風潮」。

第二次是毫銀大量外流，沒有交易籌碼，日商暗中大量高價收購，目的擾亂金融市場。葡澳政府批准日本在澳門設立橫濱銀行，代日本收購中國白

〔註 8〕吳志良、婁勝華，何偉傑，《中華民國專題史（18）——革命、戰爭與澳門》頁 253。

〔註 9〕RICARDO PINTO，鄧耀榮譯，〈中立區的炮火〉，頁 93。

〔註 10〕吳志良、黃鴻劍、鄧開頌、陸曉敏，《澳門歷史新說》，頁 426。

〔註 11〕「各行商改白銀本位 港紙竟空前慘跌 市民大量拋出銀貴紙賤 葡幣信用益彰再趨上游」，《大眾報》（澳門版），1942 年 8 月 5 日。「港幣回升力有限 西洋紙連日價格高漲」，《大眾報》（澳門版），1942 年 8 月 17 日。

銀，目的破壞中國金融市場。港幣一直暴跌，其他外幣湧入，澳門金融市場凌亂，商人難民苦不堪言。〔註12〕

葡澳政府與銀行業者合作希望可以穩定金融市場。〔註13〕外幣湧入，市面出現假幣，葡澳政府嚴密緝查。〔註14〕1943 年 12 月，葡澳政府全面推行使用葡幣（西洋紙）作澳門貨幣單位，開始禁止廣東的「雙毫」「毫券」在市面上流通。

1944 年 2 月 5 日，澳門大西洋銀行第一次獲得印製新幣，專用貨幣替代証券（証券代替貨幣不足），分爲 100 元、50 元、25 元和 10 元。〔註15〕2 月 26 日，葡澳政府廢除白銀使用，還廢止數百元毫銀憑票，承認西洋紙爲統一貨幣。〔註16〕物價高漲，澳門需求量增大，澳門幣越來越短缺。

西洋紙由葡萄牙運來，發行紙幣須要一整套複雜的手續，隨著戰局動盪，運輸困難，葡萄牙無法供應，葡澳政府祇好自行印刷。葡澳政府連印澳門幣的紙鈔都沒有，印製紙幣的紙張須由香港運輸到澳門，但當時日方已經包圍澳門的外圍，葡澳政府請求當時大西洋銀行（BNU）華人業務部經理何賢幫助，冒險從香港偷運紙鈔「先進紙」到澳門，才解決市場流通的需要。〔註17〕

因澳門首次自行印製紙鈔，葡澳政府與大西洋銀行極爲緊張和謹慎，保安十分嚴密，葡澳政府派專員到印刷廠監督印刷工作，並有手持步槍的非洲兵駐守廠外。紙鈔印刷好，由財政總局長和大西洋銀行澳門分行經理兩人分別在每張紙鈔上簽名，爲加快速度，增加兩名高級人員，新紙鈔在 2 月 28 日開始發行。〔註18〕6 月 17 日，印製 5 毫面額輔幣，7 月 26 日，再印製 500 元

〔註12〕 「鈔票竟多新花樣　客商難民實不堪其苦」，《大眾報》（澳門版），1942 年 9 月 16 日。

〔註13〕 「政府當局　力謀安定金融　極望銀業界盡量條陳意見　港幣暴跌當局謀設法維持」，《大眾報》（澳門版），1942 年 8 月 9 日。

〔註14〕 「五毫僞幣發現後　警探嚴密查緝」，《大眾報》（澳門版），1942 年 8 月 20 日。「仿印當票行騙　匪徒藉此行騙達參年之久　華探將匪拘獲並搜出印版」（澳門版），1942 年 9 月 11 日。

〔註15〕 林發欽，王熹，《孤島影像：澳門與抗日戰爭圖志》，45 頁。「澳府印發新幣　奉葡京令進行　訓令内容略分五大要點」，《華僑報》（澳門版），1944 年 2 月 16 日。

〔註16〕 「政府通告全澳商號今日起　停止雙毫直接行使　百元憑票今日發出　一切交易葡幣本位違者嚴罰不貸」，《華僑報》（澳門版），1944 年 2 月 28 日。

〔註17〕 吳志良、黃鴻劍、鄧開頌、陸曉敏，《澳門歷史新說》，頁 427。

〔註18〕 張栞，〈何賢一舉成名解決鈔票〉，《澳門雜誌》（107 期）（澳門：澳門特別行政區新聞局，2015 年 9 月），頁 36～37。

面額的替代証券 250 萬元准予發行。葡澳政府宣佈：替代証券即澳門通用貨幣，不論貿易多少，不得拒用。爲保證替代証券的可信性，由葡澳政府宣佈同等貨幣的保證金由葡萄牙政府所支付，儲存在里斯本葡萄牙國家銀行。

圖 2-1-1　葡澳政府自行印製紙鈔（西洋紙）

資料來源：林發欽、王熹《孤島影像：澳門與抗日戰爭圖誌》，廣州：廣東教育出版
　　　　　社，2015 年，頁 46～19。

在 1944 年底，澳門有 300 多間銀號、錢莊及兌換店，在這一個時期，是
澳門金融業發展的「黃金時期」。與酒店餐飲和金融業一起蓬勃發展的，還有
一種「偏門」特殊行業，如博彩業、鴉片業、娼妓業、走私業等。在福龍新
街、蓬萊新巷、宜安街（紅燈區）夜夜笙歌，如中央酒店賭館一袋袋的大洋、
儲券推上賭桌；酒店留下金門西餐店，每天供應充足各式西餅麵包，餐桌上
的客人大多數都是有槍的漢奸。除了賭場外，還有很多地方可以賭博，如白
鴿票、賽狗等。賽狗要收入場費，每人 1 元，1 元可以買 25 公斤的米。

二、日人漢奸橫行

日軍向中國沿海騷擾，並派間諜多人分批赴各地組織情報機關，以作收
買漢奸，勾結流氓，活動程序：先行收買某一攤看相或算命，專門穿插於酒
樓茶店煙館之間，以看相為號召，鼓吹如簧之舌，誘惑無知人民，……漸而
推及至內地，或喬裝僧道，或飾作小販等，不一而足云。〔註 19〕

太平洋戰爭爆發不久，日軍佔領帝汶島，在島上實施軍事接管，把葡萄

〔註 19〕馮翠、夏泉，《澳門抗日戰爭研究廣州地區中文資料初編》，頁 14。

牙駐帝汶總督、官員和他們的家人全拘留在「莫巴拉——利奎薩」集中營，
屠殺總人口 13%。這一個消息傳到澳門，葡澳政府感到恐慌，帝汶島的遭遇
向葡澳政府表明，在這場戰爭中的「中立」，並不會保證日軍不會佔領澳門。
〔註20〕

　　葡澳政府害怕日軍會佔領澳門，警察全部武裝，以防日軍從關閘進入澳
門。澳門的安全受到威脅，葡澳政府出於自保和免受日軍的佔領的考量下，
執行中立的政策。同時，與日本簽定保密協議定與日本建立有好的關係，允
許日本在澳門設立領事館，會因應日本政府的要求，限制和打擊在澳門境內
的抗日救亡團體，縱容和庇護汪偽政府的漢奸。葡澳政府准許日軍在澳門柯
高馬路二龍喉附近的大廈，成立日軍駐澳特務機關、東望洋街的「大日本帝
國駐澳門領事館」、西環民國大馬路的「日本海軍武官府」等，〔註21〕縱容日
本特務在澳門殺害中國駐澳門官員。

　　1942 年 1 月 1 日，在澳門登記的日本人有 56 人，25 戶，男 39 人，女 17
人。另有臺灣 75 人，31 戶，男 55 人，女 20 人，朝鮮男 1 人。共有 132 人。
當時臺灣和朝鮮為日本殖民地，稱作「邦人」，即廣義的日本人。表示區別，
日本人為「內地人」，臺灣人稱「籍民」，朝鮮人稱「半島人」。1943 年 10 月
1 日時，在澳門登記的內地人 112 人，81 戶，男 83 人，女 29 人。籍民 94 人，
51 戶，男 60 人，女 34 人。半島人仍為男 1 人。共 207 人，比去年多了 75 人。
〔註22〕日方安頓從廣州和香港逃離到澳門的日本官員及其家屬到水坑尾街，
他們相信會有一天盟軍會空襲香港。1943 到 1944 年期間，日本人在澳門經營
生意，各種日本貨物在澳門市場銷售。

　　廣州灣是澳門在戰爭時期確保食品安全的重要交通線，日軍企圖佔領廣
州灣，脅迫葡澳政府。日本駐澳門特務機關向葡澳總督提出要挾，說日軍會
派軍隊進入澳門，如葡兵抵抗，會用武力接收；如不抵抗，就可保持現狀，
只先派汪偽政府官員到葡澳政府各機關。葡澳總督回覆：葡國是中立國，在
澳的任何事件，有自由處理之權。〔註23〕

〔註20〕　（澳）杰弗里·C·岡里（Geoffrey C.Gunn）《澳門史 1557～1999》，175 頁。
〔註21〕　李福麟《澳門四個半世紀》，頁 148。
〔註22〕　房建昌，〈從日本駐澳門領事館檔案看太平洋戰爭爆發後日寇在澳門的活動〉
　　　　　《中山文史》（45 輯），（中山：中山正協，2006 年）。
〔註23〕　「敵企圖強奪澳門　用佔廣州灣方式脅迫葡方　葡督表示有自由處理之權」《新
　　　　　華日報》（重慶版），1943 年 9 月 8 日。

　　澳門因中立關係，葡澳政府只好對日本的特務和漢奸百般忍讓，既不能保護市民和知名人士的人身安全，甚至無法行使主權懲罰罪犯。相反，懲罰刺殺他們的澳門市民。〔註24〕在日軍駐澳特務機關的縱容和包庇下，漢奸黃公傑等人經常逍遙法外。平日，會聚集一批打手，向當地居民敲詐勒索，並不把葡澳警察放在眼內。葡澳警察曾兩次包圍其住處，日軍駐澳特務機關出面交涉，葡澳警察只好作出退讓。

　　一些漢奸在日軍駐澳特務的安排下，會滲入葡澳政府各部門和警察，為日軍收集情報。他們喜歡進出酒店、夜總會等澳門高級場所，在場所裡高談闊論，旁若無人，喜歡把手槍放在臺上，宣示「日本萬歲」、「統一亞洲」的賣國求榮的心態，喜愛食「霸王餐」，有時葡澳警察和華人探員都會佯作沒有看見。日本安排人手混入葡澳的水警，方便控制澳門海外貿易，還任命很多親日華人探員進入葡澳警察，再安排約 50 名前港英警察預備役軍人，即港英政府僱傭的印度籍士兵。

　　黃就順口述在澳門目無法紀的漢奸：

> 當時的漢奸的生活與我們大大不同了，比我們好上百倍，他們吃的
> 可是西餐、西餅呢，祗有他們可以吃到，我們只有留口水的份兒。
> 那是我家樓下的住客，其中就住了一個大漢奸，他姓黃，平時家中
> 進出一袋一袋的金幣銀幣，用作花費或賭博，除吸食鴉片外，還有
> 在家裡種植罌粟花。〔註25〕

　　華紳何賢就是在如此環境下受到重視。澳門是葡澳政府管轄的地方，何賢明白如果要在澳門立足，必須與葡澳政府建立有好關係。澳門表面上，還是葡澳政府管轄，但在澳門境外，已被日軍包圍；在澳門境內，日本特務到處滋事。葡澳政府無法處理日本特務的無理要求時，都會找何賢充當「和事佬」。

　　在 1943 年 12 月，日本的陸軍特務和海軍特務因互爭地盤，陸軍特務在荷蘭園打死海軍特務的小頭目，日軍駐澳特務機關把矛頭指向葡澳政府，指責葡澳政府保護不力。日軍駐澳特務機關立即封鎖澳門，澳門日常所需的食物和用品都是依靠中山供應，如果斷絕了供應，後果會不堪設想。〔註26〕

〔註24〕 「行刺黃公傑案 充軍廿五年 軍法庭另判參年」，《大眾報》（澳門版），1942
　　　　年 8 月 15 日。

〔註25〕 蔡珮玲，《口述歷史：抗日戰爭時期的澳門》，頁 87。

〔註26〕 廣東省政協文史資料研究委員會，《創業者的足跡‧港澳海外企業家創業史》
　　　　（廣東：廣東人民出版社，1992 年 9 月），頁 104。

　　葡澳政府派代表向日本特務機關交涉，結果失敗。葡澳政府只好請何賢、高可寧等人為代表到關閘談判，為澳門與中國陸路運輸的關口，要求解除封鎖。日軍駐澳特務機關借此機會大罵葡澳政府，並派出漢奸黃公傑為代表，以討價還價的談判方式，達成協議，解除封鎖。黃公傑在東南酒店長期包了一間房間，主要是日軍駐澳特務機關的代理工作。他的手下經常敲詐勒索，並不尊重葡澳政府。他們與葡澳警察為了爭坐三輪車，主要的交通工具，毆打葡澳警察。葡澳警察不滿受到他們的欺凌，加上他們平日橫行霸道，立即派警隊把整個東南酒店包圍。黃公傑命令他的特務們持槍把葡澳警察反包圍，日軍駐澳特務機關還運來十多車的彈藥作後備。澳門商人找來葡澳政府的經濟局長羅保（Pedro Josem Lobo）來談判，守門的人並不引見。只好請何賢作代表，他找到雙方的頭目，把雙方利害關係說明清楚，最終完滿解決這場糾紛。

　　在香港淪陷前，20 歲何鴻燊跟隨家人逃離到澳門。他善於與日本人打交道，充當於葡澳政府與日方的「中間人」，主要是幫助葡澳政府用裝備跟日方換取食物：「我管理一段實物的交易系統，幫助澳門政府用機器與裝備跟日本人交換大米、食糖、大豆……那時候我是一個準政府官員；我是一個中間人。」〔註27〕

圖 2-1-2　1942 年 2 月 22 日日本駐澳門領事館證明書

資料來源：林發欽、王熹《孤島影像：澳門與抗日戰爭圖誌》，廣州：廣東教育出版
　　　　　社，2015 年，頁 53。

〔註27〕（澳）杰弗里‧C‧岡里（Geoffrey C.Gunn）《澳門史 1557～1999》，頁 180。

三、各方在澳門角力

　　澳門是中立區，成為了各國特務聚集的好地方，有日本特務和扶植的偽政權、重慶的國民政府、美國、英國同盟國的情報人員以澳門作為搜集軸心國的基地。葡澳政府也組織一隊特務偵緝隊，專門搜集軸心國和同盟國的情報工作。

　　1942 年 12 月，東南亞廣大地區和南中國海、西太平洋全部英、美海軍和空軍機地，全都被日軍佔領，美國太平洋艦隊和英國遠東艦隊都受到日軍的重創。英國駐澳門領事李維士非常關注葡澳政府與日本的「交易」，了解澳門可被敵軍利用作軍事用途。他代表同盟國向葡澳政府，表示葡萄牙總理沙拉薩和英美兩國已經有共識，簽署盟國間的協定，指責葡澳政府沒有遵守葡萄牙「中立」立場，對葡萄牙政府陽奉陰違。澳督戴思樂向葡萄牙政府揭發是英國駐澳門領事李維士的陰謀。澳督戴思樂與英國駐澳門領事李維士經常產生矛盾。

　　香港淪陷後，日軍對港口封鎖更加嚴謹，葡澳政府的船都限制進出，日軍不想間諜透過葡澳政府知道日軍軍事調動。〔註28〕

　　日本急需大噸位的船來維持軍隊的補給，因為美國潛艇猛烈攻擊日本的商船。1942 年初，駐澳門日本領事要求葡澳政府三艘公務挖泥船借予日軍，揚言以武力取得。澳督表示只可以借兩艘，以日本可接受的價格，可購買糧食，解決澳門糧食短缺問題，另一部是屬荷蘭的公司，日軍把原旅居在香港的荷蘭商人關在香港的集中營，威迫出售挖泥船。目的是在海南島興建大型的潛艇基地。日本希望能購買所有能航海的船，這些船都是在香港淪陷時逃離到澳門內港的，澳督以英國領事沒有答覆而拒絕，日本只好用白米換取葡澳政府的哨艇、拖船、快艇、水機等。

　　1943 年 8 月 19 日晚上 10 時，在日本特務和漢奸的指示下，10 多名武裝份子衝入澳門的內港，搶劫裝有百多桶柴油的港澳客輪「西安號」，這艘船是英國註冊，是運往給盟國作燃料補充。武裝份子趁駐守葡澳警察換班，衝進碼頭，事先準備好的船員強行將船開出碼頭，駛往香港。葡澳警察派出水警在海上追捕，與船上的武裝份子發出槍戰，死傷多人，其中，土生葡人警察約翰（Joao Antonio Jose Coelho）在槍戰中喪生。據說，劫船事件是由日本駐

〔註28〕 吳志良，《澳門政治制度史》，頁 184。

中山縣的日軍情佈組中原實大尉、漢奸黃公傑和日海特務組共同策劃。船被劫走後，曾易名「塔興號」和「銅山號」。

日駐澳領事福井保光在次日的早上，通知葡澳政府到香港「領船」。日本海軍獲得「西安號」被劫，派兵全力追查，撈家（海盜）集體跳海逃亡，日海軍已將船包圍，派兵由萬山群島護送到香港。但事實上，「西安號」到達香港，把船上百多桶柴油運走，再通知葡澳政府取船，只不過是一個掩飾日軍強盜的野蠻行為。〔註29〕

「西安號」是英國註冊的船，葡澳政府必與向英國駐澳門領事交代，英國代表要向倫敦請示，此事一直拖延到抗戰結束才解決。

此時，日本藉口里斯本將亞速爾群島租給英國，加緊對葡澳政府施壓，威脅要依據雙方簽訂的協議，如葡萄牙宣佈對日參戰，日軍就將佔領澳門。面對日軍的威脅，澳督戴思樂宣稱會盡力抵抗，並請求葡萄牙政府的軍事支援。日軍進攻澳門風聲一度很緊，在澳門一些葡萄牙人開始撤離。1943 年 11 月 5 日，國民黨港澳總支部的情報：「澳門政府現有放棄中立趨勢，葡籍技術人員多已離澳至鶴山縣。經芬部隊護送至鶴山者，有歐士、米托、少士林、毛士加羅、米阿尼、威蒙地收、富克麗等七人；另女性亞美麗、亞收特二人。」〔註30〕

1943 年底，因盟軍的加入，戰爭局勢漸對日本不利。總督戴思樂、經濟局局長羅保曾向日使館的武官談話，日方開始對局勢感到不安、失去勝利的希望。日本東京軍希望可以結束中日戰爭，可全力對抗太平洋戰爭。葡澳政府的情報有指日方嘗試與重慶政府溝通，4 月 17 日，汪精衛太太和南京汪偽政權官員喬裝抵達澳門。汪偽政權派了兩名特使，拜訪孫中山遺孀宋慶齡和大女兒，宋慶齡表示只願意參加爭取與日方交談，特使無功而退，9 月 20 日離開澳門。

1945 年 2 月 2 日早上，日本駐澳門領事福井保光和朝比奈在松山做完晨操後，回領事館途中，被一名華人暗殺，福井保光左胸和腰部中槍，當場死亡，朝比奈被擊中腹部。〔註31〕葡澳政府對此事極為緊張，派人對此事展開

〔註29〕 李福麟，《澳門四個半世紀》，頁 149～150。

〔註30〕 「國民黨港澳總支部致國民政府外交部電 6793 號」（1943 年 11 月 5 日）〈敵圖監視澳門〉，《外交部檔案》，國史館，典藏號：020-042702-0017-0033。

〔註31〕 「日領傷重逝世 遺體定今日出殯 官耶對記者發表談話」《大眾報》（澳門版），1945 年 2 月 4 日。

調查，懸賞澳門幣二萬元緝捕。〔註 32〕總督戴思樂親自向死者致祭、送殯和宣讀悼辭。日本外務省派出駐廣東大使事務所的岩井英一到澳門接任工作，並與葡澳總督會面，要求葡澳政府搜捕犯人、葡澳政府有責任保障日本駐澳門領事的安全、要求對死者賠償龐大金額。

　　福井保光被刺後，葡澳政府給岩井英一一份備忘錄，回應日方的要求：

> 日本陸軍不通告我澳門政府派遣了澤大佐，〔註 33〕此人公然設立澤
> 機關，對敵方華人予以逮捕，監禁和處刑，這明顯侵犯了葡萄牙的
> 主權，政府考慮到現實的日葡關係，至今還是默許的。〔註 34〕

　　3 月 23 日，日本駐葡萄牙領事館森島守人（Moritio Morishima）約見葡萄牙政府外交部特謝拉.德.桑帕約（Teixeira de Sampaio），要求一份致葡萄牙政府總理兼外交部薩拉查的口頭照會，內容包括四點：一、葡萄牙政府需要為此事件正式道歉；二、追查兇手；三、撤換有關事件中葡澳政府職員；四、避免同類案件發生，希望葡澳政府保護澳門地區的安全，尤其注重保護在澳門的日本官員和僑民。〔註 35〕外交部特謝拉.德.桑帕約逐條回覆森島守人：一、外交部禮賓部司長恩里克‧達‧格拉‧夸雷斯馬（Henrique da Guerra Quaresma）已前往日本駐葡萄牙公館道歉；二、葡澳政府已全力偵辦，但未掌握關於兇手線索；三、日方無法具體指出涉案葡澳政府職員；如受到威脅，日方可要求葡澳政府保護。〔註 36〕

　　森島守人與東京外務省協議，要求葡澳政府正式道歉，整頓治安，保障在澳門日僑的安全。葡萄牙政府外交官表明，現在這局面只能默許：「日本在澳門設有機關，無理拘捕中國人、監禁、行刑……政府考慮到葡日關係，至

〔註 32〕 「昨晨東望洋街槍擊案　日正副領事遇刺受傷　警察當局懸賞二萬元緝兇」，「警察當局採取特別措施　保衛本澳安寧」《華僑報》（澳門版），1945 年 23 日。

〔註 33〕 日本投降後，被葡澳政府引渡給廣東政府，1947 年 4 月 25 日審判，判決書稱：……利用在澳門之特殊勢力，專事搜刮物資搜集情報，監視各國駐澳人員活動。並收買漢奸黃公傑組織密偵隊，供給槍械，專事暗殺我方人員……先後將國民黨駐澳門情報人員梁彥明、林卓夫，中山縣偵緝隊長黃儀，第七戰區第三縱隊情報主任李秉元、鮑家琪等殺害。最終，宣判澤榮作及其部下山口久美憲兵少尉死刑。轉引：房建昌，〈從日本駐澳門領事館檔案看太平洋戰爭爆發後日寇在澳門的活動〉。

〔註 34〕 吳志良、黃鴻釗、鄧開頌、陸敏，《澳門歷史新說》，頁 417～418。

〔註 35〕 金國平、吳志良《鏡海飄渺》，頁 154。

〔註 36〕 金國平、吳志良《鏡海飄渺》，頁 154。

今默不作聲」。〔註37〕岩井英一知道澳門大多數華商控制澳門經濟，有意拉攏他們。4月29日是日本天皇生日，舉行慶祝招待會，要請葡澳政府主要官員、駐澳各國外交官、日僑及華商。岩井英一請他們贊助經費，華商們出資 5 萬澳元，當時約 300 萬日元。岩井英一手下孫嘉華等人成立股份公司。事實上，日本駐澳門代表處於經費缺乏，日本因戰事關係，努力籌備經費。〔註38〕

第二節　太平洋戰爭後期之澳門

一、風潮時期媒體控制

1937 年，中日戰爭開始，澳門居民十分關心中國抗戰的消息，澳門報人大多數投身抗日救亡的工作。澳門的新聞報導主要分兩種：一、堅持愛國的報導。二、鼓吹侵華反華和欺壓中國人的敵偽及其傀儡的報導。〔註39〕英國情報局所寫《澳門論壇》（英文周報），內容並不中立，偏向同盟國。《朝陽日報》、《大眾報》、《新聲日報》、《華僑報》會不定期出版抗日救亡的期刊，宣傳國內抗日的局勢，成為澳門抗日救亡主要的宣傳工具。

日軍駐澳特務機關向葡澳政府施壓，葡澳政府一改親中立場，而轉向日軍示好，設立華務科，實行嚴格的新聞檢查。從 1938 年起，葡澳政府限制新聞報導，通知各報章，只能用「日軍」、「皇軍」、「東洋帝國主義者」、「外國侵略者」，不能用「日寇」、「敵軍」、「敵寇」、「敵偽」或「日本侵略者」等字眼，禁止報道有關中國抗戰的消息，刪去有關本地抗日救亡的言論。反日意味比較輕微，會用□□□□取代，或盡量用最簡單、篇幅較少來報導。

1941 年 3 月 8 日的《華僑報》：

南路各地仍劇戰中

鄂西我日炮戰激烈

我軍潛入江門！□□□□〔註40〕

整篇有一半對「天皇」和「日本」不利，會用××××取代，有時整篇會被勒令刪去，以「開天窗」形式來暗示讀者。

〔註37〕（日）和仁廉仁、張宏艷，《歲月無聲──一個日本人追尋香港日佔史跡》（香港：花樹千出版社，2013 年 10 月 1 日），頁 245。

〔註38〕房建昌，〈從日本駐澳門領事館檔案看太平洋戰爭爆發後日寇在澳門的活動〉。

〔註39〕陳大白，《天明齋文集》（澳門：澳門歷史學會，1995 年 8 月），頁 154。

〔註40〕《華僑報》（澳門版），1931 年 3 月 8 日。

圖 3-2-1　《華僑報》

資料來源：《華僑報》，1943 年 4 月 22 日

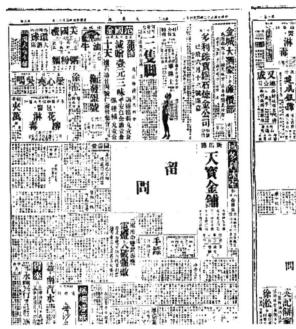

圖 3-2-2　《大眾報》

資料來源：《大眾報》，1943 年 6 月 22 日

　　在某特定新聞版面上，沒有刊登新聞，只是空白和中間印有「全文被檢」的字樣。華務科檢查的官員為了避免出現空白現象，規定被禁刊登的位置，一定要其他新聞補上。〔註41〕規定每晚 11 點前將全部稿件（廣告）送檢，逾時不候。

　　1941 年 4 月 26 日，葡澳政府出版委員報告指出，僅 1 月份查出中文報紙禁止刊登多達 25 則；其中 4 則有損葡澳政府的中立立場、1 則帶有誹謗含意、2 則有損與汪偽政權友好關係、8 則有冒犯日本人等，只要有損葡澳政府、不利日本人的消息、煽動社會有不滿的消息都一律被禁止。〔註42〕

　　太平洋戰爭爆發和香港淪陷後，日軍封鎖澳門，澳門陷入經濟恐慌，物資嚴重短缺，白報紙供應不足，言論受到葡澳政府的干擾，報業經營困難。先後有《澳門時報》、《平民報》、《新聲日報》、《民生報》等相繼停辦，《大眾報》、《朝陽日報》亦在 1942 年下半年因經濟困難，最終停刊。〔註43〕

〔註41〕 李福麟，《澳門四個半世紀》，頁 144。
〔註42〕 林發欽，王熹，《孤島影像：澳門與抗日戰爭圖志》，頁 34。
〔註43〕 黃漢強、吳志良，《澳門總覽》（北京：中國友誼出版社，1994 年 5 月），頁 286。

人稱「澳門殺人王」的日軍駐澳特務機關正副關長王榮澤作和山口久美分，他們網羅一些偽政權的文人，創辦《西南日報》、《民報》、《世界夜報》等親日報紙，利用報紙的影響力美化日本侵略行為，大肆宣傳有關「大東亞共榮圈」和「聖戰」。親日報紙在澳門沒有市場，但日本和偽政權在澳門勢力日益擴大，不少商人避免麻煩，也會訂閱敷衍。報紙被迫成為日本軍政府的傳聲筒，報導均千篇一律，每晚嚴控審批將刊登的內容，一切有利於日方的軍事消息。

日軍駐澳特務機關的特務和漢奸會用盡恐嚇、打壓、拉攏、收買等手段，壓制愛國報紙。要求各中文報紙採用日方提供的日本「同盟社」中文稿，不成文規定所有有關戰事的消息，必須將「同盟社」的報導與各報透過摩斯密碼抄收重慶社「中央社」的電報一併刊出。

澳門報紙經常會出現同一則新聞，有中、日雙方的報導，但內容截然不同。〔註44〕1941年4月25日，日軍駐澳特務機關創辦《西南日報》，社長劉傳能，企圖收買《大眾報》編輯人員陳少偉和陳大白，他們拒絕敵人威迫利誘。葡澳政府與日本特務互相勾結，為了打壓《大眾報》，藉口《大眾報》刊出一篇乒乓球的趣事，內容無傷大雅，硬指有辱《西南日報》社長女兒的名稱，一批暴徒衝向印刷部肆意搗亂，揚言縱火。日方控制白報紙供應，《大眾報》因紙張嚴重缺乏，選用粗糙的玉扣紙印刷，最終在1942年下半年停刊。〔註45〕

1942年，《西南日報》想控制澳門的中文報紙，威脅想加入已經停頓的「記者聯盟」，重新改組，改名「澳門新聞協會」。在選舉理事會時以威迫利誘手段，劉傳能和陳昌文登上理事，目的要把「澳門新聞協會」變成偽政權的傀儡組織。〔註46〕

二、戰局扭轉人心思變

1943年夏天，盟軍反擊，持續轟炸廣州、香港等日偽政府的根據地，往返省港澳的輪船也相繼炸沉。因澳門是「中立」，為了避免盟軍轟炸時誤傷，不少中外人士都避居澳門，澳門被視為「東亞防空壕」。但事實上，澳門並不安全，盟軍認為澳門有可能是日本燃料的補給站。因為當時日本本土受到盟

〔註44〕 李福麟，《澳門四個半世紀》，頁145。
〔註45〕 元邦建、袁桂秀，《澳門史略》（香港：中流出版社有限公司，1988年7月），頁195～196。
〔註46〕 陳大白，《天明齋文集》，頁160。

軍的空襲，無法有足夠的物資供應，在中國戰場都無法顧及，日本在這個情況下，只好在澳門收集各種軍事物資，特別是汽油，供華南日軍使用。葡澳政府大為緊張，馬上宣告進入戒嚴狀態。

1944 年初，美國盟軍開始對日本封鎖，對香港空襲愈來愈多。日本駐澳門的領事要求葡澳政府，澳門所有酒店在晚上都要熄滅四層樓以上的燈，目的防止盟軍以作識別日本駐澳門領事的地方。美國盟軍在澳門的外港航道佈滿地雷，專門炸沉日本物資補給的船。澳門居民的帆船有十架中都會有一架被徵用。葡澳政府為了解決公共利益的問題，當時澳門處於糧食和物資嚴重短缺，葡澳政府經過日本、英國和美國方面的談判，同意馬士達號協助運輸物資。船身兩旁用白色的油漆寫上葡萄牙字樣，在明顯地方懸掛葡萄牙國旗，葡萄牙是「中立」，防止飛機的襲擊。4 月 26 日，里斯本外交部收到英國駐葡萄牙的信，要求撤銷馬士達號，船上有兩個隨船日本人，是違反協定。澳督解釋日本人是與海上巡邏的日本船溝通，英國政府不接受，認為是情報工作，把南中國海上盟軍的船艦作記錄。葡澳政府接受里斯本的決定，因為從廣東方面取得走私的煤和白米，解決澳門物資短缺。12 月 24 日，日本客輪「嶺南丸」號由香港前往澳門途中，遭遇到美軍飛機轟炸，船上 460 多人，121 人獲救，其餘都罹難。〔註 47〕

圖 3-2-3　美軍轟炸澳門半島外港的機庫

資料來源：林發欽、王熹《孤島影像：澳門與抗日戰爭圖誌》，廣州：
廣東教育出版社，2015 年，頁 52。

〔註 47〕「嶺南丸遭難始末記 航途中遇飛機掃射投降 搭客四百餘百二人獲救」，《華僑報》（澳門版），1944 年 12 月 31 日。

　　1945 年，美軍認為新口岸的海軍飛機庫儲放日軍的汽油，派出由廣西桂林起飛的美國第十四航空隊的飛機連續三次空襲，主要的對象，掛有日本旗的日本建築物、停泊港內的船舶設施，見船就炸，誤傷十餘名葡澳警察和 200 多名中外居民。〔註 48〕

　　其中「白銀丸事件」就是一例，乃日軍佔領廣州初期，封鎖珠江，嚴禁所有的船隻行駛省港澳航線。1939 年，日軍控制廣東船運，派出白銀丸和廣東丸兩艘輪船行駛省港澳航線，每三天一次，兩艘輪船先後被美軍在珠江口炸毀。土生葡人賈珍娜（Joana M.Dac.X.A.Gabriel）1928 年於澳門出生。在抗戰期間，不計酬勞，充當護士照顧病人，其口述美軍炸沉澳門的「白銀丸事件」：

> 當時我家住在台山……見到天上有飛機經過……原來扔的是炸彈……炸白銀丸，……停泊在澳門筷子基的白銀丸是艘日本船，是利用澳門來運鐵礦、白銀、仙士去海南島……所以才引起美國飛機來轟炸，也轟炸西洋人在新口岸的水上飛機場……還有隻日本飛機停放在跑狗場，是美國飛機來轟炸的目標。〔註 49〕

　　第一次的空襲，1 月 16 日早上九時三十分，十多架盟軍飛機多次掃射飛機場；十時三十分左右，又有兩批盟軍飛機掃射；下午，再有 5 架盟軍飛機掃射，目的將飛機場儲放日軍的 6 千加侖汽油和可與日本人交換白米的物資（教堂的鐘、金屬、電線等）燒光。同時馬交石炮台遭到轟炸，停泊在青洲海面的葡澳政府運糧船「葡萄牙」號也遭到轟炸，1 人死亡。〔註 50〕

　　葡澳政府經濟局羅保等政府官員乘坐汽車到新口岸視察環境時，被盟軍飛機追擊。因多名人員傷亡，葡澳政府向葡萄牙政府報告，強調盟軍行為已違反戰爭法例，要求盟軍表示歉意和查明真相。澳督向總理匯報，盟軍向日本宣戰後，居住在澳門的葡人極度親近盟國。空襲後，在態度上有明顯的下降。總理回覆，提醒澳督勿偏向那一方，不要做出壓抑盟國行為，也不要支持和同情日本人。

〔註 48〕 黃就順，《澳門的天地人》（澳門：澳門歷史教育學會，2011 年 8 月），頁 109 ～110。

〔註 49〕 蔡珮玲，《口述歷史：抗日戰爭時期的澳門》，頁 102。

〔註 50〕 「盟機分批飛入領空 澳門昨日四次遭襲 機庫中彈電台電廠均受損失 市區安全攻擊一死五傷」，「中立安寧一朝驚破 翹楚天空漫佈戰雲」，《華僑報》（澳門版），1945 年 1 月 17 日。

　　澳門華僑團體澳門商會致電重慶國民政府，呼籲同盟國照顧澳門華人的生命財產安全。1月18日，葡萄牙駐廣州領事館發表聲明，譴責盟軍在1月16日當天三次轟炸澳門。第二次的空襲，2月25日早11點，盟軍飛機掃射停泊在筷子基岸邊的葡國註冊船葡萄牙號（原巴拿馬註冊的馬士弼號），並投下多枚炸彈，空襲原因是船上藏有給日本的物資。4月7日，廣州怡崇洋洋行運送糧食的「飛翔」號輪船在外港碼頭被盟軍擊沉，19乘客遇難。12日，炸沉一艘拖船，19船員遇難。〔註51〕21日，行駛省澳門航線的「南海丸」號輪船由澳門前往廣州途中被盟軍炸沉，乘客和船員死傷約50人。5月2日，澳門到廣州「榮華」一號貨輪在途中被盟軍炸沉。31日，澳門「海運」二號行駛進被盟軍炸沉，30多名乘客死傷，過半人失蹤。

　　在這期間，美國多次轟炸澳門和附近海域船隻，造成一定經濟損失。盛傳盟軍會封鎖澳門，葡萄牙政府致電葡澳政府表明「中立」仍然不變，封鎖是不實，請廣大市民支持政府政策。〔註52〕第三次的空襲，6月11日，盟軍飛機飛到青州和路環島，投下 3 枚炸彈和掃射，原因是空襲前幾天，一架日本空軍零式偵察機發生飛行事故，在澳門黑沙灣降落。葡澳政府擔心日軍飛機會引來盟軍空襲，派人員將日軍飛機到蓮峰球場（現賽狗場）藏匿，但盟軍收到情報，指葡澳政府支持日本，派出盟軍飛機空襲，誤炸藏飛機處距離二百公尺的葡萄牙號。盟軍否認是有計劃轟炸，葡澳政府證明第一次的空襲是刻意的，並不是誤炸，因盟軍的飛航誌上有記錄到過澳門。〔註53〕

　　葡萄牙政府對澳門遭到轟炸立即作出回應，大部分報紙都譴責美國這次行為，極度違反葡萄牙「中立」地位，包括1945年1月17日出版的《里斯本日報》（Diairo de Lisboa）、《波爾圖商報》（Comercio de Porto）《人民紀事報》（Diario Popular）等。盟軍派出官員到澳門了解眞相，美國政府決定在戰爭結束給予合理賠償。在1950年，美國參議院決意賠償葡澳政府2,050多萬美元。〔註54〕

　　葡報《澳門之聲》刊登有關日皇裕仁在戰後可能會逃亡海外，日駐澳領事向葡澳政府抗議，在日本人心裡，天皇是神，是對全日本的人一種侮辱。

〔註51〕「新口岸對開海面　飛翔電輪被飛機轟沉　船員只救回五人 19名失蹤」，《華僑報》（澳門版），1945年4月8日。
〔註52〕「督察長官耶鄭重談話　葡國中立政策不變　葡京來電軍民擁護政府決策。」，「盛傳封鎖澳門　當局發言闢謠」《華僑報》（澳門版），1945年4月7日。
〔註53〕RICARDO PINTO，鄧耀榮譯，〈中立區的炮火〉，頁98～99。
〔註54〕李福麟，《澳門四個半世紀》，頁152～153。

澳督親自向日本領事道歉，承認報紙出版沒有檢查，並會要求檢查委員會主席抽起有關任何的報章涉及日皇的報道。《澳門之聲》報館附近有爆炸，澳督只好把唯一一份葡文報紙停刊。澳督猜疑澳門殷商、紅十字會會長羅德禮的暗殺，有可能是日方不滿葡澳政府處理日皇事件不當而慘被毒手。與羅德禮有生意往來的汪氏三兄弟，有一個完善走私大米和必需品的管道，他們的形象在澳門居民心中與黃公傑（日軍駐澳門地區特務機關的首腦一樣，害怕日本戰敗，會被國民黨處決，努力做出愛國行為的證明。

　　美國空襲澳門當天，葡澳政府擄獲 4 名美軍飛行員，飛機不是葡澳政府擊落，澳門沒有武器，飛機是從日本佔領區所擊落，汪氏三兄弟與港英領事會作將它們運出澳門。日本特務知道此事，派出黃公傑處決他們及其家人。羅德禮視此事是對他個人侮辱，不斷指責有關日本和黃公傑等人，而引起他們的不滿，而被下毒手。

第三節　協助難民救濟

一、難民不斷湧入澳門

　　日軍不停進攻和殺戮，在行軍作戰不分對方是平民和軍人，都一律格殺勿論，澳門開始出現首批難民潮。一天之內，有兩萬多人聚集在拱北關口，準備湧入澳門。1938 年 5 月，日軍多次誘惑廣東地區土匪、在廣州市製造混亂。〔註 55〕10 月 21 日，廣州淪陷，廣州鄰近的珠江三角洲地區的縣市都遭受日軍破壞，廣州、番禺、中山、順德、南海、新會、台山等地的人被迫四散逃亡，扶老攜幼大批湧入澳門。〔註 56〕廣東嶺南才女冼玉清在廣州淪陷後，逃回澳門老家，並寫有關中日戰爭時期澳門的情況《危城逃難記》、遺作《澳門小住記》、詩詞《丁丑八月廿八日避難返澳門》。《澳門小住記》清楚描述澳門民間的慘狀：

> 中日戰爭爆發，華南各地淪陷，避難者多移居港澳。自去年 11 月香
> 港淪陷後，南洋各地又相繼淪骨，太平洋峰火漫天，交通梗阻，一

〔註 55〕 「王棠致電蔣介石 8757 號」（1938 年 8 月 5 日），〈一般資料（74）〉，《蔣中正總統文物》，國史館，典藏號：002-080200-00501-169-001x。

〔註 56〕 鍾國豪、戴裔煊，《澳門歷史綱要》（北京：知識出版社，1999 年 4 月），頁275。

> 切日用必需品來源繼絕……衣食所需，皆賴外地供給……又禁止糧
> 食出口，於是糧食燃料均成嚴重問題……米固漲價，柴無來源……
> 蓋搶匪猖獗……市面雖有幹警日日巡邏，然亦有防不勝防者。〔註57〕

　　澳門和香港成了廣州和附近地地區的避難所，視爲「東亞防空壕」。澳門當時的面積只有 14.47 平方公里，中日戰爭前，澳門人口約 15 萬人。1939 年，葡澳政府不完全的統計，澳門的人口有 254,194 人，其中 239,803 是中國人，葡人 4,624 人。〔註58〕1940 年 3 月，中山淪陷。1941 年 12 月，香港淪陷，澳門人口爆增約 37 萬，高峰時期多達 45 萬人，其中大部分由內地和香港逃難澳門的難民，都屬貧苦無依。〔註59〕

　　戰前港澳的交通，主要靠數艘千噸的大客輪日夜穿梭來往。太平洋戰爭爆發後，港澳大客輪被盟軍轟炸，被迫全部停航，港澳水上交通一律受阻。香港淪陷後，香港居民飽受日軍的凌辱，生命受到威脅，毫無保障。他們爲了逃離日軍，願冒險坐漁船、大客輪、貨船到澳門，但乘坐漁船的航程比較久，危險性極高，乘坐大客輪和貨船容易被日軍發現，因而產生了電扒。〔註60〕電扒機器是葡澳政府的船塢（現媽閣塘）製造的，由澳門殷商傅老榕所出錢投資。電扒成爲當時澳門主要水上交通工具，乘坐客人多，成爲日軍主要「行水」的好機會。1943 年初，日方派出千噸的白銀號，主要在香港的航線，慢慢取代電扒。

　　戰爭的關係，澳門湧入大量難民（包括在內地的葡萄牙僑民），超出原有人口 2 倍之多，對澳門的經濟和資源有很大的負擔。在抗戰期間，葡澳政府提供有限度的援助，把澳門所有的醫院、基督教教堂、天主教教會、學校都成爲難民中心和傷員接待處。葡澳警察廳長葛古育上尉的一份報告：

> 由於中日交戰令逃離至澳的外來移民人口急劇上升，相對出現的社
> 會問題首先便是滿街乞丐，在兩天之內曾掃蕩了六百七十多名男女
> 行乞者，當中一百二十人記錄在案。但當時全澳警區附設的拘留所
> 總共最多只能容納五十人。……澳門警察將所有遊蕩及行乞者的外
> 來者一律 9 月遣送對岸——灣仔。不出數小時，外來者再渡江，馬

〔註57〕陳樹榮，《冼玉清與澳門》（澳門：君亮堂出版，2013 年 8 月），頁 50～51。

〔註58〕李福麟，《澳門四個半世紀》，頁 142。

〔註59〕吳志良、林發欽、何志輝，《澳門人文社會科學研究文選 歷史卷（含法制史）》（中卷）（上海：社會科學文獻出版社，2010 年 8 月），頁 829。

〔註60〕木殼船，船身狹長，設有馬力較大的柴油機，航速快。澳門培正史學學會，《紅藍史地95》（4），頁 29。

> 上出現在澳門的鬧市。……必須利用蓮峰球場作爲統一處理外來難
> 民的臨時地方，但要避免讓外間誤會成納粹集中營……澳門以至難
> 島的大小場地、無論是私人的、公共的都要劃作爲難民的臨時收容
> 所。〔註61〕

　　葡澳政府沒有足夠的空間收納難民，與廣東省政府提出有關大小橫琴、
灣仔東部的土地問題，希望可解決澳門成爲華南地區的避風處。葡澳政府最
主要是安置難民的工作，葡澳政府和愛國民間團體合作，有慈善性質的鏡湖
醫院慈善會和同善堂，其中兩個最主要的華人團體代表。〔註62〕在高可寧、
崔諾枝爲首華商的帶領下，同善堂從各方籌募善款，向難民贈醫施藥、派發
寒衣。每日都會有大批的難民排隊輪候，爲的只求一餐溫飽。葡澳政府派各
官員到各處了解情況，並表示對難民極爲同情，會協助相關救濟工作。〔註63〕

　　葡澳政府懾於日本政府的淫威下，嚴禁澳門居民進行有關抗日的活動，
日本政府對於葡澳政府的「中立」並不理會，屢次向葡澳政府挑釁。葡澳政
府爲了澳門的安全，只好對日本政府作出讓步。葡澳政府爲日軍提供侵華的
方便，允許日軍艦停泊在澳門港口，補給大多數都是澳門採購；另一方面反
對中國在澳門邊界關閘設防，〔註64〕葡澳政府爲應付日軍徵兵的需要，以設
立「難民營」爲名，欺騙從中國逃難的難民。欺騙難民有2,000多人，但缺乏
醫療和糧食不足，死亡人數有1,000多人。葡澳政府船塢的退休公務員——黃
炳泉口述日本人在戰時，如何危害澳門人其中一件事：

> 澳門有什麼能夠用得上的，都被拿走……人才方面也很缺乏，日軍
> 要求澳門政府在港務廳提供一些技術人員及船員……澳門政府用懷
> 柔政策，一部分人就這樣被騙去海南島，那時的海南島的環境不同
> 現在發展得這麼好……抗戰勝利後從海南島回來這一批人，祇剩得
> 十個八個，而且都已經變成半殘廢……其餘的人都客死異鄉。〔註65〕

澳門居民明知會一去不返，仍抱著一絲希望到海南當礦工、建築海港，留在
澳門最終都會餓死。

〔註61〕 RICARDO PINTO，鄧耀榮譯，〈中立區的炮火〉，頁76。

〔註62〕 亞洲電視新聞部資訊料，《解密五百年澳門》（香港：明報出版社，2009年12
月），頁130。

〔註63〕 督察長觀耶 昨發表談話 對慈善事極表同情」，《大眾報》（澳門版），1942年
8月17日。

〔註64〕 黃鴻釗著《澳門史》（福建：福建人民出版社，1999年11月），頁360。

〔註65〕 蔡珮玲，《口述歷史：抗日戰爭時期的澳門》，頁60～61。

二、葡澳官民救濟措施

　　1930 年，葡澳政府財政收入 9,284,000 元，支出 8,535,000 元。戰爭爆發後，經濟處於崩潰的邊緣，1937 年，收入跌到 5,270,000 元；1942 年，收入約 6,810,000 元，支出 520,000 元。戰爭結束，收入回升，約 10,000,000 元。戰爭期間，葡澳政府收入一直下降，仍援助受到戰爭迫害的難民，包括「將所有的博彩收益用作幫助難民」。〔註 66〕1938 年葡澳政府以《571 法令》規定，將政府部分收入撥出款項成立救濟慈善機構，幫助難民生活所需；資助中外慈善團體賑濟難民。

　　1938 年 10 月和 1941 年 12 月，廣州和香港先後淪陷，使澳門出現兩次巨大難民潮。除了中國人外，難民還包括葡萄牙、英國、美國等國人士。澳門在抗戰前，人口只有 15 萬多人，至 1941 年已高達到 37 萬多，澳門成為當時中國南部的「國際避難所」。〔註 67〕大量難民湧入、澳門糧食、治安、住屋、衛生會受到很大壓力，遠遠會超過葡澳政府和民間團體承受壓力。澳門各界為了拯救更多生命，盡一切可能，為各地戰事而來難民提供人道救助。

　　愛國民間團體都紛紛請求葡澳政府共同合作，希望可以解決難民湧入的問題。各地逃來澳門難民已高達 4 萬，澳門屋宇人滿為患，酒店、旅店皆被租賃一空，貧困難民無以為生，流離失所。澳門中西名流、仁慈堂（Santa Casa da Misericordia）堂長等人早在 1938 年 6 月組織澳門救濟難民兼糧食委員會，定期與葡澳總督商議救濟事宜。〔註 68〕高固寮為主席，委員有羅保（Pedro José Lobo）、蒙德宏（Júlio Montalvão da Silva）、畢侶儉、徐偉卿、陸電明等人，〔註 69〕1940 年 7 月 30 日，委員會改組，推舉葡籍官員羅保為主席，由葡葡政府選出羅保等 5 人為委員，徐偉卿、畢侶儉、陸電明、戴恩賽、劉玉麟等華籍富商為常務委員，所有支付難民、日常辦公總費用都由中葡委員平均分擔，雙方各籌一半。

　　12 月 31 日，葡萄牙駐廣州總領事致葡萄牙政府的外交部 PR.21 第 1391

〔註 66〕　（葡）古萬年（Custódio N. P. S. Cońim）、戴敏麗，《澳門及其人口演變五百年（1500～2000）——人口、社會及經濟探討》（中文版），（澳門：統計暨普查司，1998 年），頁 432。

〔註 67〕　《澳門日報》的「澳門與抗日戰事」特刊（3），2015 年 7 月 21 日。

〔註 68〕　《華僑報》（澳門版），1938 年 6 月 16 日。

〔註 69〕　何翼雲、黎子雲編著，《澳門遊覽指南》（澳門：澳門文新印務公司，1939 年），頁 57。

號函的附件中，曾焦慮地指出：「澳門現在最大的困難是難民的問題。」〔註70〕
1942 年，澳督戴思樂通過電台，宣佈凡避離澳門者來者不拒：

> 按照 1938 年 9 月 17 日第 579 號立法例之引端已明白表示凡爲政府
> 與人民之職責必須以公益爲依歸故凡因戰事影響避亂來澳而托庇於
> 葡國國旗之下者莫不竭力以保護之。〔註71〕

葡澳政府把所有醫院、教堂、學校、華人慈善組織和社團等，均列爲難民
中心、施賑場所、傷患接待處等。葡澳政府開征慈善稅增加救濟收入，通過政
府專門慈善救濟的機構——慈善委員會與品物統制會向民間團體撥款救濟款
項，再由民間團體組織實施。如同善堂的「難童餐」、澳門中華婦女會興辦的新
口岸貧民粥廠和望廈粥廠均受葡澳政府撥款資助。各社團和教會舉辦粥場、飯
場多達 15 處，規模最大 1 日施粥多達 4,000 份，最小也有數百份。葡澳政府組
織難民救濟委員會，與當地鏡湖醫院、同善堂、各界救災會等民間團體等合作，
參與搭建氹仔、路環難民營，收容大量從內地逃離到澳門的難民。〔註72〕

葡澳政府以商業性質的中華總商會（原名澳門商會）爲管理澳門華人社
會的合作對象，葡澳政府對流落澳門難民、貧民中有勞動能力者，實行「以
工代賑」〔註73〕的救濟方法，勞動工具由葡澳政府提供，總體規劃由工務局
負責，交由澳門中華總商會和同善堂組織實行，組織青壯年難民填壕、平地、
耕種、築路等工作。〔註74〕1943 年大規模的填壕工程，葡澳政府支付約 55,000
元，填平約 13,000 平方公尺，主要用作給難民種植蔬菜，解決氹仔和路環難
民營部分蔬菜供給。〔註75〕望廈米站主辦人金神父用米、粥，爲築路工程招
請工人，以 1,000 人爲目標，不論男女，報酬方面，每人每日派米 1 斤，外加
粥食兩餐。〔註76〕

〔註70〕 （葡）莫嘉度，《從廣州透視戰爭：葡萄牙駐廣州總領事莫嘉度關於中日戰爭
的報告》。
〔註71〕 （葡）施白蒂（Beatriz Basto da Silva），金國平譯《澳門編年史 1900～1949》
頁 293 頁。
〔註72〕 《華僑報》1938 年 10 月 1 日。
〔註73〕 新口岸填地工程澳督親臨視察，亟盼完成「以工代賑」計劃」，《華僑報》（澳
門版），1942 年 12 月 25 日。
〔註74〕 吳志良、林發欽、何志輝《澳門人文社會科學研究文選 歷史卷（含法制史）》
（中卷），頁 830。
〔註75〕 陳錫豪，〈抗日戰爭時期的澳門〉，（廣東：華南師範大學碩士論文，1998 年），
第 65 頁。
〔註76〕 「米站招請泥工 1,000 名，每日發米 1 斤或再增給粥食」，《華僑報》（澳門版），
1943 年 9 月 14 日。

圖 3-3-1　1943 年 10 月 1 日同善堂施派難童餐

資料來源：林發欽、王熹《孤島影像：澳門與抗日戰爭圖誌》，廣州：廣東教育出版
　　社，2015 年，頁 149。

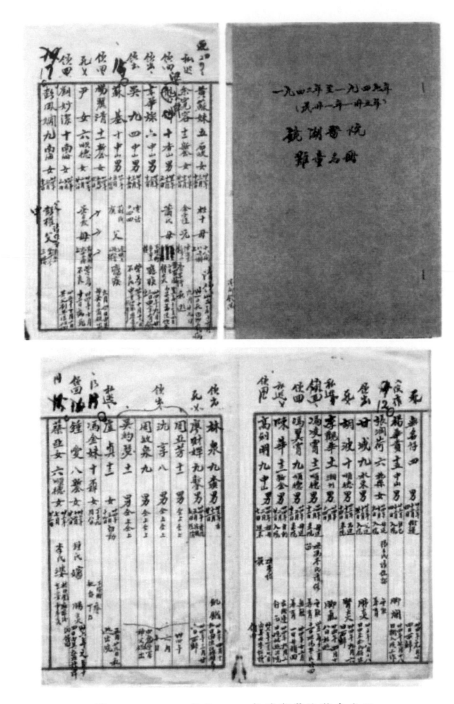

圖 3-3-2　1942 年至 1946 年鏡湖醫院難童名冊

資料來源：林發欽、王熹《孤島影像：澳門與抗日戰爭圖誌》，廣州：廣東教育出版社，2015 年，頁 157。

葡澳政府曾致電澳門中華總商會，表示感謝將難民轉化為勞動力，有助穩定社會秩序，降低因生活所迫而從事犯罪活動。在抗戰期間，中華總商會是澳門的籌款活動時間最長、範圍最廣、動員人數最多、捐款金額最大。1942年初和 1943 年年底，葡澳政府在郊區的青洲和台山設立「難民給養所」，佔地面積很大，收容人數可達 2,000 多人。〔註77〕葡澳政府是強制性的，主要大量難民湧入澳門，街道上出現大量流浪漢和乞丐，派出警察四處搜捕，營內外守衛森嚴，收容者入營後不准外出，管理人員視他們為囚犯對待。「難民給養所」設備簡陋，醫療衛生差，糧食短缺，尤如戰俘的集中營。

1944 年 8 月 24 日，國民黨駐澳門專員唐榴向外交部報告有關澳門現況：澳門現為葡屬殖民地，人口不過 10 萬，數年突增 30 多萬，大多數由唐家灣（中山港）而來。澳門屬華南天氣潮濕，難民營設臥席，冬天會感寒冷，曾向葡澳總督提出用軍隊方案以稻草為墊。〔註 78〕澳門無法生產糧食，一切都靠外來運輸，只靠葡澳政府贈粥食兩餐不能充飢，建議澳督組織難民調查委員會。秘書長高士德建議唐榴為委員，唐榴因身份問題，拒絕擔任，並建議華商總會主席高可寧、僑商林子豐、馮祝萬、劉敘堂等人為委員。〔註79〕

三、葡籍難民逃到澳門

1932 年，「一二八」事變爆發，上海為世界上葡人移居的聚居地。2 月 2 日，葡萄牙巡洋艦「阿達馬斯托爾」號離開香港，開往上海作支援在上海的葡人。同時，「吉爾‧埃亞內斯」號運兵船在澳門作準備，形勢惡化，運送一批軍隊作增援。在戰爭爆發前四個月前，居住在香港的葡人有先見之明，率先帶頭走難，約 310 名成年男人（另說 371 人）、472 名女士和 420 名小童帶著簡單的行李逃難到澳門。他們算是第一批逃離到澳門的葡人（第一批逃離的葡籍難民）。〔註80〕

中國各地駐葡領事館紛紛致電葡萄牙政府，希望請遠東海外殖民地澳門的幫助，要求葡澳政府對在中國的葡萄牙僑民進行接收和安置工作。葡萄牙

〔註77〕 陳大白，《天明齋文集》，頁 158。

〔註78〕 「總領事唐榴致國民政府外交部」（1944 年 8 月 24 日），〈澳門問題等〉，《外交部檔案》，國史館，典藏號：020-042702-0015-0033。

〔註79〕 「總領事唐榴致國民政府外交部」（1944 年 8 月 24 日），〈澳門問題等〉，《外交部檔案》，國史館，典藏號：020-042702-0015-0034、020-042702-0015-0035。

〔註80〕 RICARDO PINTO，鄧耀榮譯，〈中立區的炮火〉，頁 92。

駐上海領事知道事態的嚴重性，向里斯本的殖民地事務部提出請示。1937 年「八一三事變」後，葡澳政府採用緊急措施，「準備接納因上海非正常局勢，而將臨澳門的葡萄牙難民。」8 月 21 日，澳督巴波沙收到有關澳門收留來上海的葡裔難民措施的訓令，上海難民慈善會的主要工作：「採取必要的措施在澳門接收和安置由於上海的不正常的局勢而被迫撤離的葡裔人士。」〔註81〕

葡澳政府陸軍參謀長萊洛少校被挑選該會在澳門的協調工作，授予很大的權力。「澳門的所有權力部門，尤其是澳門市行政局局長和治安警察司令，通過各自轄下的機關，需按照慈善會主任的指示，直接向其彙工作並提供協助。」〔註82〕萊洛少校就任上海難民慈善會主任的工作，為了解新工作的需要，8 月 21 日，民政廳廳長沈拜奧簽署 127 號的公文，〔註83〕批准治安警察司令戈爾古略上尉前往香港。22 日，戈爾古略上尉前往香港與葡萄牙領事會談。

1938 年 1 月 1 日，澳督巴波沙採取緊急措施，簽署的第 557 號訓令，〔註84〕在財政廳設立一項 30,000,00 澳門元的臨時撥款，用作於因中日衝突而返回澳門的本地葡裔人士及其家屬的經費支出。10 月 20 日，一些葡僑亦夾雜在逃離的華人中，著名大律師飛歷奇從穗城逃到澳門：

> 當時我還年幼，一家人在廣州住了很短時間，日本人就殺到來了。我的父親原居住在香港，後因戰亂影響生意，連帶股票投資都損失慘重，所以便舉家遷往廣州……可惜戰爭把一切都摧毀了，之後我們更面對生活上的困難。〔註85〕

因戰爭的波及，澳門居民經常恐慌，學者馬沙度描述當時澳門變化：

> 我記得在戰爭未爆發前，關閘和拱北的大閘都是長年打開的，經常人來人往，車水馬龍。澳門的市民不論華洋都喜歡到灣仔……但是，一切都隨著戰爭的降臨而結束了。澳門，這個緊連接著中國大陸的彈丸之地，轉眼間便擠滿了從內地離鄉別井逃亡而來的難民。〔註86〕

〔註81〕（葡）日誼 Dias，《上海葡裔難民在澳門 1937～1964》（澳門：澳門特別行政區政府文化局，2015 年 6 月），頁 34。

〔註82〕（葡）日誼 Dias，《上海葡裔難民在澳門 1937～1964》，頁 34。

〔註83〕（葡）日誼 Dias，《上海葡裔難民在澳門 1937～1964》，頁 36～37。

〔註84〕（葡）日誼 Dias，《上海葡裔難民在澳門 1937～1964》，頁 34。

〔註85〕RICARDO PINTO，鄧耀榮譯，〈中立區的炮火〉，頁 78。

〔註86〕RICARDO PINTO，鄧耀榮譯，〈中立區的炮火〉，頁 78。

廣州被日軍佔領，還有很多葡萄牙人滯留在這。1938 年 11 月 2 日，葡萄牙駐廣州總領事莫嘉度撰寫第 17 號政治報告，〔註87〕命令領事館幫助部分的葡萄牙婦女和兒童離開沙面，前往未被佔領的香港和澳門。莫嘉度曾請求英國的幫助，英國駐廣州領事布隆特在會談中，說明無法承諾幫助葡萄牙。因為較大的船，用作英國在廣州的防守；較小的船，用作英國人撤離廣州。如廣州發生突發事情，可以要求葡澳政府的澳門號炮艇前來支援。

莫嘉度明白調動澳門號炮艇是不理智的，第一、風險太大：廣州現在處於威脅中，鄰近澳門也可能面臨危機，沒有足夠的防禦力；第二、節約經費：澳門號炮艇停泊在港口，需要龐大的支出。〔註 88〕最終，採用一艘半棄置的小型機動船「吉亞號」。葡澳政府總督向莫嘉度致電，表示葡澳政府願意為在廣州的葡人和莫嘉度提供幫助。1939 年 5 月 5 日，萊洛少校的職務由新任葡澳政府參謀長馬也少校接替。1941 年 1 月 4 日，上海難民慈善會工作被撤銷，與澳門公共慈善救濟總會合併。〔註89〕12 月 25 日聖誕節，日本佔領香港，香港總督楊慕琦在半島酒店簽字投降，之前在香港經商的澳門土生葡人都紛紛逃回澳門。至 1945 年 8 月 15 日，日本無條件投降止，香港人稱這段三年零八個月為黑暗時期。

表 3-3-1　葡萄牙駐上海領事館註冊的人數（1930～1950）

年份	人數	百分比
1930	1,112	21.1%
1940	1,214	23.1%
1950	61	1.2%

資料來源：葡」日諒 Dias，《上海葡裔難民在澳門 1937～1964》，（澳門：澳門特別行政區政府文化局，2015 年 6 月），頁 19。

在戰爭時，香港和上海有很多的葡萄牙僑民逃難到澳門，他們最初住在跑狗場或馬場，因為跑狗場的座位下面是空的。因人數太多，他們請求葡澳政府的幫助，澳門峰景酒點（Bela Vista Hotel）暫停營業，其地方暫作由上海

〔註87〕　（葡）莫嘉度，《從廣州透視戰爭：葡萄牙駐廣州總領事莫嘉度關於中日戰爭的報告》，頁 181。
〔註88〕　（葡）莫嘉度，《從廣州透視戰爭：葡萄牙駐廣州總領事莫嘉度關於中日戰爭的報告》，頁 182。
〔註89〕　（葡）日諒 Dias，《上海葡裔難民在澳門 1937～1964》，頁 38、40。

逃難到澳門的葡萄牙僑民的難民中心。葡萄牙僑民在澳門生活比較富裕，避難到澳門時，也會攜帶不少金銀財富，加上有葡澳政府供養，至少不用擔心生活。

圖 3-3-3　葡籍難民安置的難民中心（峰景酒點）

資料來源：林發欽、王熹《孤島影像：澳門與抗日戰爭圖誌》，廣州：廣東教育出版社，2015 年，頁 137。

　　香港淪陷後，出現第二批葡籍難民，1,400 多名葡僑分別在 1 月 6 日和 7 日兩批由日本船運到澳門，船資 9 千多元由葡澳政府支付，巨大的金額加重政府的負擔。社會福利部門保羅把新舊葡僑劃分在陸軍俱樂部、六一兒童會、助學會、鮑斯哥慈幼會、中葡小學和聖羅撒女中等地，主要是有足夠的空間。

　　留在香港的葡萄牙僑民，經常遭受日方的阻攔和監視，前往澳門是唯一安全選擇。1943 年 6 月，有 1,000 多名的葡萄牙僑民來到澳門，澳督戴思樂把賭場的總收入來協助難民，約 200 萬多澳門元。1944 年，葡萄牙國紅十字澳門分會，屬於半官方組織，主要以救濟葡籍難民為主。除了救濟葡籍難民外，在 1943 年～1945 年之間曾救援英美籍難民 2,277 人。同時，在澳門領取港英政府支援救濟品的英美籍難民和港英政府官員等，也有 9,000 多人。[註90]

〔註90〕（澳）杰弗里・C・岡里（Geoffrey C.Gunn）《澳門史 1557～1999》，頁 183～184 頁。

表 3-3-2　澳門鏡湖醫院收容英、美難民紀錄表

年份	英籍	美籍
1943	464	90
1944	612	69
1945	924	118

資料來源：林發欽、王熹《孤島影像：澳門與抗日戰爭圖誌》，廣州：廣東教育出版社，2015 年，頁 138。

表 3-3-3　澳門人口的變動表（1936～1945）包含葡人和非華人

年份	人口（人）
1936	120,000
1937	164,528
1938	141,945
1939	245,194
1940	400,000
1941	375,000
1945	150,000

資料來源：蔣建成，《澳門》，（珠海：珠海出版社，1999 年 1 月），頁 36～37。

四、葡澳政府面對救濟壓力

　　糧食、居住、就業、教育和醫療都是葡澳政府所要面對的社會問題，大部分的難民都是隻身逃難到澳門，他們沒有能力租房子，大多數都是露宿街頭，過著行乞的生活。1939 年 6 月 22 日，澳門糧食和蔬菜嚴重缺乏，葡澳政府禁止糧食出口。9 月 23 日，頒佈第 2696 號法令，禁止金條、銅條、金幣、銅幣等所有含有金質和銅質物質出口。〔註91〕

　　澳門糧食主要是依靠進口，大多數來自中山、四邑等地區。廣州淪陷，糧食和生活必需品不得不依靠美洲、歐洲及東南亞等地進口。〔註92〕大平洋戰爭爆發、香港淪陷後，日軍封鎖海上交通，洋米無法運進。從中山、新會等地區的米被日軍和漢奸所操縱，米價上升到 4 元，在過去澳門的日常花費只需幾仙。黑市米價上升到 8 元。當時一日的工資才 1 元，4 天的收入才能買到 1 公斤，一般平民百姓是無法負擔得起。

〔註91〕林發欽，王熹，《孤島影像：澳門與抗日戰爭圖志》，頁 27。
〔註92〕鍾國豪、戴裔煊《澳門歷史綱要》，頁 275。

　　澳門嚴重缺乏火水、煤、電油等燃料，一切都依靠越南等國外運。煤主要是澳門發電主要的動力燃料，飛機轟炸對象主要是運輸煤的貨船。缺乏了煤，澳門電力公司只可在晚分區供電數小時，10 點過後，全澳一片漆黑，有如死城。「火水燈」〔註93〕是唯一的照明工具，但火水都是依靠外運，飛機見船就炸，火水成了珍品。

　　葡澳政府為了解決燃料短缺問題，想透過不同方法來發電，知道被日本佔領的廣州灣有一間用木炭發電的電廠，找了兩個船塢工作的技術人員。葡澳政府跟他們說，因澳門沒有電力供應，非去不可，如有不測，政府會照顧你們家人日後的生活。廣州的電廠算是一個半軍事重地，因當時需要大量技術人員，成功進入電廠工作。他們以一人的肢體量度高度和寬度，另一人責任記錄，經過一個月的時間，成功把澳門電燈公司的吹梭發電機改裝成木炭發電機，〔註94〕緩解燃料短缺問題。恢復用電，葡澳政府重新規定用電量。〔註95〕

　　總督戴思樂採取應對措施，宣佈大米、燃油和日常用品，由自由市場改由配合制，並設立進口規劃委員會統一處理所有受管制的物品，生活必需品都點算清楚，再由葡澳政府統一分配。葡澳政府每天早上 8 點左右，在水坑尾銀輝攝影店後面的一間俄國麵包公司出售麵包，是屬於葡澳政府，麵包會定量發售，約 2 毫錢一個。葡澳警察會維持治安，依個人喜好任選一名，開始購買，售完即止。〔註96〕鮑斯高中學受澳督之委託，每月發施粥票一千張，主要救濟的對象是永久居住澳門貧民，飢民為領粥票，爭先恐後，互相踐踏，用生命換取食物。當時居住在澳門的僑民——黃就順口述當時澳門欠缺糧食時的慘狀：

> 那時賣八百多元一擔米啊！每天的工資大約是一元，一個月僅有三十元，如何能負擔……政府祇能向漢奸洽購米碎，每斤六毫，還要用白銀來交易，而我們每日就出外輪購，每人祇限一斤。當年日本人就用白米去將全澳的白銀掏得一乾二淨，後來，白銀耗盡，漢奸就提出用警察廳的槍炮作交換，可以說全澳的經濟局面都被漢奸所控制了……〔註97〕

〔註93〕燈的一種，用火水作燃料。
〔註94〕「木炭發電機 數日試驗成績佳」，《大眾報》（澳門版），1942 年 8 月 26 日。
〔註95〕「木炭發電機試用量好 全澳恢復日電 電流用額當局將從新規定」，《大眾報》（澳門版），1942 年 9 月 4 日。
〔註96〕蔡珮玲，《口述歷史：抗日戰爭時期的澳門》，頁 84。
〔註97〕蔡珮玲，《口述歷史：抗日戰爭時期的澳門》，頁 82～83。

葡澳政府原有一支海軍航空隊駐澳門防守，由八架水陸兩用小形飛機組成，由於澳門糧食嚴重短缺，葡澳政府只好把這些飛機賣給日軍，換取白米。〔註98〕葡澳政府也把原屬葡萄牙海軍航空中心的 6 架 Osprey 型水上飛機，和一批鑄鐵大炮賣給日軍，換取白米。鑄鐵大炮日軍把它熔掉取鐵，作為原料使用。葡澳政府把白銀向日軍換碎米，碎米之細如細沙一樣，每戶每日只配給一市斤，價為白銀六毛（三個雙毫），輪米的地點在鏡平小學附近的陸軍軍營。葡澳政府透過不同方法尋找米源、積極在外採購、限定米價格，保障本澳居民和救濟難民生活所需。同時，要防止海盜掠奪運輸到澳門的貨船。〔註99〕

1942 年 1 月、1943 年 7 月 27 日和 1945 年 5 月 23 日，〔註100〕澳門發生三次巨大糧食短缺和恐慌。第一次恐慌，一個月曾發生餓死 1 千多人以上。葡澳政府為保障米的供應和解決糧食短缺問題，在澳門設立 15 處公價米出售站，頒佈條例限定米市的價格。米商會抬高米價格，葡澳政府為了打擊非法黑市米，頒佈新條例，1941 年開如執行糧食分配制，居民要憑米糧證到指定糧站，限購分配的糧食，其他賣米店舖必須關閉。〔註101〕1941 年 12 月 11 日，葡澳政府頒布有關持券購買糧食的公告：

> 本澳所有雜貨商店一律關閉，糧食、日常用品一律由政府統一分配，米（每日）成年人一斤、小童半斤；白糖（每星期）成年人五兩、小童五兩；油（每星期）成年人五兩、小童五兩；麵包單獨一種，（每日）成年人一個、小童一個；麵（每星期）成年人三兩、小童二兩；牛肉（每日）成年人二兩、小童一兩；火水（每星期）成年人或小童二斤；煤炭（每星期）成年人或小童八斤；番視（每星期）成年人或小童五兩。〔註102〕

太多人爭先恐後，葡澳政府一度暫停售米，向市民保證不要破壞秩序，會一直長期售米。〔註103〕澳督會不定期親自或派人檢查米站。〔註104〕

〔註98〕 李福麟，《澳門風雲史話──一位新聞工作者的記詳》，頁 329。
〔註99〕 「法院昨日宣佈 海盜械劫貨船案 匪徒七人均被判處充軍，《大眾報》（澳門版），1942 年 8 月 31 日。「警探又破獲一宗 海盜械劫貨船案」，《大眾報》（澳門版），1942 年 8 月 31 日。
〔註100〕黃漢強、吳志良，《澳門總覽》，頁 51。黎小江、莫世祥，《澳門大辭典》（廣州：廣州出版社，1999 年 9 月），頁 750～751。
〔註101〕《澳門日報》的「澳門與抗日戰事」特刊（3），2015 年 7 月 21 日。
〔註102〕傅玉蘭，《抗戰時期的澳門)》（澳門：文化局澳門博物館，2001 年），頁 61。
〔註103〕「市民不破壞秩序 米站可長期售米」，《大眾報》（澳門版），1942 年 7 月 22 日。「公米約萬包抵澳 該幫米石由曼谷轉港運米 昨晚米輪抵澳後隨即起卸」，《大眾報》（澳門版），1942 年 8 月 22 日。

　　12 月 20 日，葡澳政府在第 51 期《政府公報》宣佈，從 12 月 23 日起爲居民分發「購買糧食憑證」。〔註105〕1943 年 7 月 27 日，澳門出現第二次糧食恐慌，葡澳政府頒布有關限量購買糧食的布告：一、所有商店、雜貨店禁止售出白米、谷米，每位購買者不可超過 20 公斤以上；二、購買者必須領有特別許可證；三、每人可存白米或谷米 100 斤，必須呈報糧食證繳銷；四，酒店、旅店、中西荣館、茶館、飯店必須在 3 天內呈報所存谷米白米數量；五，白米谷米倉雜貨店及零沽店必須在 3 天內呈報所存谷米白米數量；六，每日由上午九時至十二時，下午四時至六時，在警察局三樓督察處辦理許可證及繳銷糧食證。〔註106〕

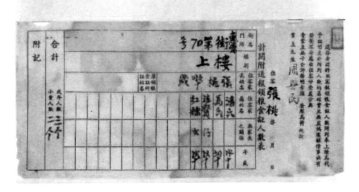

圖 3-3-4　住客李坤（上面）、張桃李滿（下面）糧食證人數表

資料來源：林發欽、王熹《孤島影像：澳門與抗日戰爭圖誌》，廣州：廣東教育出版社，2015 年，頁 147。

〔註104〕「澳督視察米站」，《大眾報》（澳門版），1942 年 8 月 29 日。
〔註105〕（葡）施白蒂，金國平譯，《澳門編年史‧二十世紀》（澳門：澳門基金會，1999 年），頁 276。
〔註106〕傅玉蘭，《抗戰時期的澳門》，頁 61。

葡澳政府沒有明文規定那些人不可換米，但米糧配合會優先派給政府各部門人員，有時居民領不到。葡澳政府為防止商人囤積白米，規定業者須如實呈報存貸數量。〔註107〕同時，害怕市民過量儲存白米，其他人買不到，如有發現者，可撤銷糧食許可證。〔註108〕8月3日，葡澳政府再發出公告，規定由即日起，運送白米，必須要有許可證，無證私運者全數沒收，並罰款8,000元。〔註109〕

每米站購米人數眾多，白米數量有限，安排抽籤方式購米，〔註110〕每一人限買一份糧票，到指定地點換取白米。葡澳政府處理不好，沒有適當安排，輪米的人不守秩序，人人都爭先恐後，經常發生人踩人的慘劇。輪米的時候，要把它藏好，否則，在路上都會被人搶奪。因糧食嚴重短缺，很多人鋌而走險到淪陷區運米，何愛珍口述小時候跟隨母親冒死運米的經過：

> 我們沒有工作。吃飯方面，我們吃地瓜皮和木瓜心。……日本人沒有進入澳門，但在關閘外有日本兵。很多澳門人都會去前山交換物品，有點本錢又夠膽的去換點東西。我自己和媽媽去前山做買賣的時侯也見過日本人。我背著一包米，我媽媽讓我背一包米，大包點的，用被子包著，蓋上帽子，裝著是嬰孩……〔註111〕

在嚴重糧良不足下，澳門出現空前的大飢荒，許多人食野草、樹皮等充飢，有人因飢荒，造成許多人間悲劇的發生。9月15日，汪精衛夫人陳璧君與汪僑政府廣東省主席陳耀祖到訪澳門，受到葡澳總督戴思樂接待，目的討論糧食供應問題，陳耀祖保證澳門有糧食的供應。〔註112〕

10月28日，葡澳政府頒佈第859號法令，徵收所有酒店、酒吧、旅店、茶樓、酒樓、茶室、飯店、餐室、舞場、糖果店、餅乾店等5%附加稅，〔註113〕

〔註107〕「市政府通告 限制市民購存谷米 每人不得購入商米逾廿斤 營米業者須呈報存米數目」，《大眾報》（澳門版），1943年7月27日。

〔註108〕「當局限制市民存米 食物店亦須報存量 但可免將糧証繳銷」，《大眾報》（澳門版），1943年7月28日。「購買者超過定額者 須赴警局預許可證 否則警察有權將之拘究」，《大眾報》（澳門版），1943年7月30日。

〔註109〕「谷米到澳如不呈報 沒收並罰疑八千元 該條例由今日起執行」，《大眾報》（澳門版），1943年8月3日。

〔註110〕「粵華米站 購者擁擠 由今日起特別限制 無證不得參加抽籤」，《華僑報》（澳門版），1942年1月25日。

〔註111〕《澳門日報》的「澳門與抗日戰事」特刊（5），2015年8月4日。

〔註112〕林發欽，王熹，《孤島影像：澳門與抗日戰爭圖志》，41頁。

〔註113〕「酒店旅業行商 附加稅徵收辦法 定十一月一日起開始實行」，《華僑報》（澳

以作政府日常開支和慈善使用，由慈善委員會成立附加稅局負責徵收。11月，徵收郵政慈善稅，規定每年12月所投寄澳門和葡萄牙所殖民地的郵件，都須加五仙，以作慈善救濟的經費。〔註114〕澳門物價高漲，各種糧食，生活所需一般人根本無法負擔，處於極度饑饉狀態，人吃人現象在各處可見。據從澳門逃出的人回憶：

> 人肉每兩白銀四毫，（多諱名爲牛羊肉），『美國樓』、『葡萄牙餐廳』等大酒樓也常常會吃到人肉包子。他說他的一個鄰居有一天失蹤了兩個十三四歲的女孩，後來在其屠場附近曾發現這兩個孩子的頭顱。〔註115〕

葡澳政府把「澳門號」〔註116〕炮艇以十公噸的白米，與駐守在灣仔的日軍交易。葡澳政府把換取的米糧分發給饑餓的難民，但澳門海防呈現海眞空狀態。1944年4月，總督戴恩樂爲解決澳門人口過度擁擠和糧食短缺等問題，與軸心國和同盟國談判，允許「葡萄牙」號輪船開通，從印度支那運煤和豆子到澳門。同時，希望可以恢復廣州到澳門的航運。

9月，席爾瓦·科斯塔（澳督的秘書）成功在廣州協商，獲得許可，進口15萬大米。1945年5月23日，澳門出現第三次糧食恐慌，日軍封鎖澳門，糧食短缺，米價上升，每擔米漲至280元。澳門一些良心企業，不計成本，開倉平價售米。〔註117〕米價超過百元，葡澳政府與名流紳士、米商開會，降低米價，25日起，規定不能超過百元。〔註118〕葡澳政府新規定，防止奸商提高米價，打擊黑市米，市面上米價約跌三成。〔註119〕葡澳政府爲解決糧食問題，曾與汪僞廣東當局訂立米約，合約將到期。7月2日，葡澳政府派軍醫處

門版），1944年10月28日。

〔註114〕 林發欽，王熹，《孤島影像：澳門與抗日戰爭圖志》，頁43～44。

〔註115〕 「在敵寇的鐵蹄下 澳門成了饑饉世界 人吃人的現象到處可見」《新華日報》（重慶版），1944年1月10日。

〔註116〕 《澳門雜誌》（第8期），頁95。

〔註117〕 「倘大家拿出良心舉報 本澳存谷尚豐 救濟會請楂家推出存谷 平糶今日開始每元八兩」，《華僑報》（澳門版），1945年5月22日。

〔註118〕 「平抑會昨日決議 切實規定米價 每擔不得超過百五元」，《華僑報》，（澳門版），1945年5月23日。

〔註119〕 「熱心人振臂一呼 米價江河瀉下 昨一日間市價三跌 事實證明奸商可殺」，「平抑辦法發生宏效 昨日米價繼續狂跌 鈔值仍淡各貨交投乏慶」，《華僑報》（澳門版），1945年5月24日。

處長賈拉度（Gallardo）前往廣州與汪偽廣東當局續約，〔註120〕16 日回澳門，汪偽廣東當局每月運 4 萬擔米。〔註121〕

　　1942 年新春期間，澳門受到西伯利亞寒流吹襲，飢寒交迫的難民成批地病死、餓死或全家倒斃。當時人口大約 40 多萬人，1 天多達 400 多人死亡紀錄。沒有糧食運來澳門，很多人餓死在路邊和騎樓，加上瘧疾、鼠疫不斷、霍亂，死亡人數不斷增加。其中瘧疾佔澳門死亡人數約三分之一。

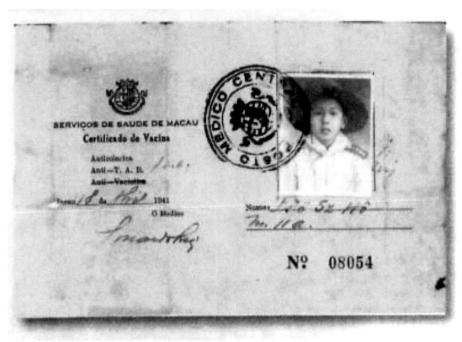

圖 3-3-5　葡澳政府預防接種證明

資料來源：林發欽、王熹《孤島影像：澳門與抗日戰爭圖誌》，廣州：廣東教育出版
　　　　　社，2015 年，頁 21。

〔註120〕「軍醫處長賈拉度　首途赴省　進行續訂米約」，《華僑報》（澳門版），1945 年
　　　　　7 月 3 日。
〔註121〕「領運谷照手續簡單　省建廳駐澳門簽證處秘書發表談話　賈拉度林二氏昨已
　　　　　公竣返澳」，（澳門版）1945 年 7 月 17 日。

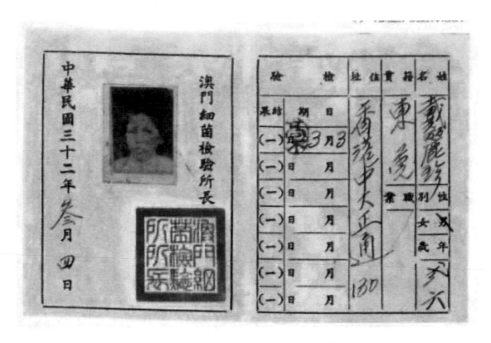

圖 3-3-6　澳門細菌檢驗所霍亂檢驗證明書

資料來源：林發欽、王熹《孤島影像：澳門與抗日戰爭圖誌》，廣州：廣東教育出版
社，2015 年，頁 22。

表 3-3-4　澳門人口死亡人數（1938～1945 年）

年份	1938	1939	1940	1941	1942	1943	1944	1945
死亡人數	5,897	9,452	11,850	10,844	16,608	8,973	2,968	3,802

資料來源：（葡）古萬年（Custódio N. P. S. Conim）、戴敏麗：《澳門及其人口演變五
百年（1500～2000 年）——人口、社會及經濟探討》（中文版），（澳門：
澳門統計暨普查司，1998 年），頁 164～166。

　　滿街都是屍體，葡澳政府有專門的「收屍隊」，衛生局的人力「黑箱車」
都供不應求，連郵局的郵車和垃圾車都要改裝成「黑箱車」運送屍體，每天
到大街小巷收集屍體。在中醫家庭成長的譚明東爲當地僑民，其口述小時候
「黑箱車」的經過：

　　有一天早上，在我們家門口，發現有人躺在那裡不動，死了。立即
　　通知警察，他們讓黑箱車來執屍。工作人員來了，認定是死屍，於
　　是把他放在黑箱車。誰知車上原來躺著的人，被死屍壓在身上，有
　　氣無力地說：「我還未死。」原來在街上有些人餓暈了或是動彈不了

的，執屍人員踢他不動，以爲他死了，就把他扔到黑箱車。〔註122〕

　　葡澳政府沒有明確的統計，因爲每天的死亡人數很多。屍體大多數由衛生局的「黑箱車」運到氹仔北部的北安墳場（萬人坑），安葬的條件十分簡陋，會挖一個長十餘長丈，寬兩三丈的大坑，往裡扔屍體，上層再堆泥土。被埋的屍體中，有一些尚未斷氣，只是餓暈的。被送往鏡湖醫院殮房的屍體比較好，每天可停放屍體 30 多具，會直接送往青州海旁，該處配備大船，屍體會直接運往關閘安葬。

　　1943 年，澳門爆發霍亂，形成「霍亂埠」，葡澳政府派人到各醫院、慈善團體了解市民疾病，〔註123〕每年會按期撥出巨款，用作贈醫施藥、收容病患、殯殮死亡等工作。葡澳政府與各醫院、慈善團體通力合作，防止霍亂快速蔓延，透過 3 方面政策緩解局面：一、各大報紙刊登有關霍亂、瘧疾、天花、肺結核等傳染病知識，指導如何預防各類傳染病。二、在醫院、慈善團體設點免費注射，定期幫市民注射防疫針。〔註124〕三、人群隔離，將難民營、傳染病隔離區搬遷至海邊空曠地帶。同時，葡澳政府採取「寧可殺錯良民」的政策，在路上只要衣衫不整，都一律送往青州難民營。

　　1942 年 12 月 24 日晚上 9 點，澳門中國華僑教育界會長、崇德中學校長、國民黨港澳總支部負責人梁彥明在家門口被日僞槍殺，重傷不治。1943 年 2 月 1 日晚上，中國國民黨港澳總支部主任委員、中山縣立中學校長林卓夫出席鏡湖醫院新職務就職演說後，在回家途中被日僞槍殺，身中五槍。

　　4 月 8 日，駐港澳僑民教育導專員周雍能致電國民政府外交部：崇德中學校長被殺前，曾報告葡澳政府任用香港逃難葡人充軍警察，經常當街毆打車夫，因傷命喪。糧食不足，難民互相搶掠，葡警以維持治安爲由，開槍擊斃或誤傷路人。〔註125〕12 日，負責此案駐葡萄牙專員張謙致電中央執行委員秘書處要求派人到澳門調查。〔註126〕

〔註122〕《澳門日報》的「澳門與抗日戰事」特刊（5），2015 年 8 月 4 日。

〔註123〕「澳督關懷市民疾病 昨日巡視鏡湖醫院 視察該院各部最近措施」，《西南日報》（澳門版），1943 年 2 月 20 日。

〔註124〕「注射防疫藥液 有效期僅閱月 期滿後須從新注射」，《大眾報》（澳門版），1942 年 9 月 3 日。

〔註125〕「駐港澳僑民教育導周專員致電國民政府外交部」（1943 年 4 月 8 日），〈吳百煖等在澳門被拘案等〉，《外交部檔案》，國史館，典藏號：020-042702-0001-0049、020-042702-0001-0050。

〔註126〕「駐葡萄牙專員張謙致電中央執行委員秘書處 7373 號」（1943 年 4 月 12 日），

　　1944 年 3 月 13 日，葡萄牙政府外交部致駐葡萄牙專員張謙回覆：駐葡萄牙專員在去年多次致電葡萄牙政府外交部要求葡澳政府的答覆，葡澳政府聲明僑民衝突只是偶然發生，澳門所有救濟活動，幾乎葡澳政府所負擔，包括衣、食、住、教育等費用。〔註 127〕

四、疏散難民資助回鄉

　　葡澳政府和民間慈善團體不遺餘力救濟貧民，贈衣施食，煮粥施賑，以解決問題為前提。但日耗多金，並非長久之計。為紓緩澳門承受難民壓力，葡澳政府和民間團體共同合作。1942 年 1 月，葡澳警察廳長布英沙發表講話，勸導在澳門沒有親屬的難民回鄉發展，目的疏散龐大的難民潮。〔註 128〕2 月，怡興堂周柏甫提出《移民就食計劃書》，提倡資助難民回鄉。3 月 23 日成立「澳僑協助難民回鄉委員會」，〔註 129〕主要工作是協助難民回鄉。因 1941 年 12 月，香港淪陷，來澳門逃難的難民約有 10 多萬人，戰局不穩定和日本封鎖，澳門糧食來源日益緊張，經常出現屍橫遍野的窘境。〔註 130〕1942 年 3 月，物價高漲和各種社會資源缺乏，留在澳門難民的生活更加困苦，死亡率爆增。葡澳政府衹好實施移民計劃，在東亞酒店召開會議。有很多難民為了生存，希望回鄉可以尋求出路，願意參加回鄉計劃，以南海、番禺、中山、東莞、順德和四邑為回鄉地點，初步目標協助 5 萬人回鄉，協助 1 人回鄉約需大洋 110 元，5 萬人約需經費 500 多萬元。

　　難民回鄉計劃分三個階段，1942 年 4 月為第一階段，主要探索回鄉路程，籌備經費、游說社會各階層捐款。4 月底，回鄉會以《華僑報》為平台共籌得 2 萬元大洋，回鄉會主席劉柏盈、高可寧、傅偉生等紳士富商捐贈墊支所需費用，護送 4 批難民。第 5 和第 6 批的經費由社會各界捐贈。1942 年 5 月至 8

　　　　　〈吳百煖等在澳門被拘案等〉，《外交部檔案》，國史館，典藏號：020-04270
　　　　　2-0001-0059、020-042702-0001-0060。

〔註 127〕　「葡萄牙政府外交部致電駐葡萄牙公使」（1944 年 3 月 13 日），〈吳百煖等在
　　　　　澳門被拘案等〉，《外交部檔案》，國史館，典藏號：020-042702-0001-0068、
　　　　　020-042702-0001-0069、020-042702-0001-0070。

〔註 128〕　「港僑來澳，如無親屬關照者，當取道回鄉為宜」，《華僑報》（澳門版），1942
　　　　　年 1 月 22 日。

〔註 129〕　「全僑協力緊密進行『回鄉會』昨日成立 推定委員顧問分工合作 派員晉謁
　　　　　各方請求便利」，《華僑報》（澳門版），1942 年 3 月 23 日。

〔註 130〕　《澳門日報》的「澳門與抗日戰事」特刊（5），2015 年 8 月 4 日。

月為第二階段，劉柏盈和高可寧前往接見葡澳總督，表示希望政府能援助回鄉計劃。葡澳總督立即表示同情，以個人名義捐款 5 萬元大洋，〔註 131〕全權授予經濟局長保羅辦理，提供各方面政策，政府亦負擔一半費用。7 月《華僑報》籌得大洋 12 萬元。8 月中累積有 84.3 多萬元，共資助 30 批難民。1942 年 8 月 19 日至 1943 年 2 月 28 日為第三階段，期間因經費不足，曾一度停辦。2 月底宣佈結束，共協助或護送回鄉難民有 47 批次，約 12,000 多人受惠。在戰爭期間，如要返回內地，就必須要有驗糞證明書。〔註 132〕在盧九花園旁，日本士兵會親自檢驗，拿一個東西向肛門捅下去，檢驗費 6 元大洋。〔註 133〕

圖 3-3-7　1941 年難民潮

資料來源： 林發欽、王熹《孤島影像：澳門與抗日戰爭圖誌》，廣州：廣東教育出版社，2015 年，頁 39。

〔註 131〕 「當局極力協助回鄉會　先墊行支大洋五萬元」，《華僑報》（澳門版），1942 年 5 月 12 日。

〔註 132〕 「第九批歸鄉難僑　明晨檢便　第八批昨已出發」，《華僑報》（澳門版），1942 年 5 月 15 日。

〔註 133〕 「檢便費改收大洋 6 元」，《華僑報》（澳門版），1942 年 10 月 31 日。

表 3-3-5　回鄉會護送難民回鄉（1938～1945 年）

批次	時間	人數	批次	時間	人數
1	1942 年 4 月	62	25	1942 年 8 月 8 日	300 餘
2	1942 年 4 月	113	26	1942 年 8 月 12 日	370 餘
3	1942 年 4 月	163	27	1942 年 8 月 15 日	300 餘
4	1942 年 4 月 24 日	288	28	1942 年 8 月 19 日	300 餘
5	1942 年 4 月 30 日	220	29	1942 年 8 月 22 日	40 餘
6	1942 年 5 月	151	30	1942 年 8 月 26 日	300
7	1942 年 5 月	247	31	1942 年 9 月 2 日	300
8	1942 年 5 月 14 日	277	32	1942 年 9 月 10 日	350
9	1942 年 5 月 22 日	251	33	1942 年 9 月 16 日	360 餘
10	1942 年 5 月 28 日	260	34	1942 年 9 月	250
11	1942 年 6 月 1 日	253	35	1942 年 9 月 30 日	300
12	1942 年 6 月 4 日	263	36	1942 年 10 月 6 日	350 餘
13	1942 年 6 月 8 日	221	37	1942 年 10 月 10 日	279
14	1942 年 6 月 26 日	260	38	1942 年 10 月 14 日	300 餘
15	1942 年 7 月 1 日	278	39	1942 年 10 月	350
16	1942 年 7 月 4 日	295	40	1942 年 11 月 4 日	440 餘
17	1942 年 7 月 8 日	274	41	1942 年 11 月 11 日	460 餘
18	1942 年 7 月 12 日	330 餘	42	1942 年 12 月 2 日	390 餘
19	1942 年 7 月 15 日	300 餘	43	1942 年 12 月 9 日	300 餘
20	1942 年 7 月 22 日	430 餘	44	1942 年 12 月 16 日	300 餘
21	1942 年 7 月 25 日	340 餘	45	1942 年 12 月 25 日	260
22	1942 年 7 月 29 日	300 餘	46	1943 年 1 月 13 日	59
23	1942 年 8 月	330	47	1943 年 1 月 21 日	165
24	1942 年 8 月 5 日	350 餘			

資料來源：馮翠，〈抗日戰爭時期澳門難民危機及其應對〉，《澳門研究》（第 83 期），
2016 年 12 月 1 日，頁 122。

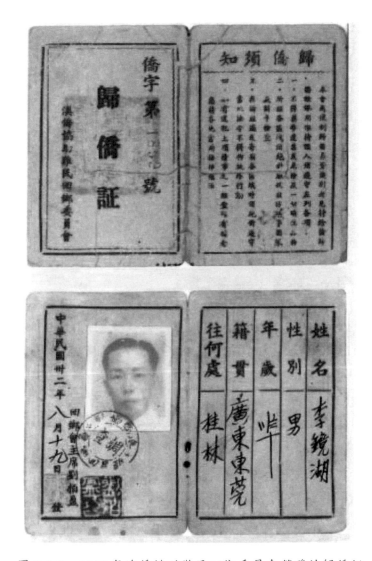

圖 3-3-8　1943 年澳僑協助難民回鄉委員會簽發的歸僑證

資料來源：林發欽、王熹《孤島影像：澳門與抗日戰爭圖誌》，廣州：廣東教育出版社，2015 年，頁 139。

第四節　抗日活動在澳門

澳門因葡萄牙總理薩沙拉的獨裁管治下，對社團的集結的限制相當嚴禁，除了工商界設立的商會、教育界設立的教育會及慈善宗教團的社團機構外，葡澳政府一律禁止。廣州淪陷前，葡澳政府在不刺激日軍的前提下，經

常以人道主義方式，默許當地愛國民間團體進行抗日救亡活動。由於，葡澳政府標榜「中立」，並不想得罪日本政府，不許愛國民間團體公開使用有關「抗日」、「抗敵」、「救國」、「救亡」、「後援」等字樣。愛國民間團體只好使用「救災」和「慰勞」取代「救亡」的字樣，並獲得葡澳政府的同意，以「各界救災會」、「四界救災會」、「婦女慰勞會」等多個救國組織，方便展開日後抗日救亡等工作。國民黨澳門支部組織成立「澳門各界抗敵後援會」，違反了葡澳政府的規定，該會搬遷到澳門的對面的灣仔成立，並不在葡澳政府的管轄範圍。

葡澳政府默許各界在澳門進行各種公開活動。1937 年，七七事變不到一個月，澳門《朝陽日報》、《大眾報》聯合發起組織以澳門學術界、音樂界、體育界、戲劇界等 50 多個社團組織（簡稱澳門四界救災會），是全澳救亡團體規模最大和影響最深的團體。因應葡澳政府的要求，不要刺激日軍，只能用「救災」的名義，聘請 28 位各界知名人士，部分政府官員亦受感染，願意支持，還接受邀請擔任名譽顧問，其中有：葡澳政府華籍官員徐佩之、華務局何仲恭，葡籍官員施基喇、中山縣縣長楊子毅，國民黨澳門支部負責人梁彥明、殷商高可寧、崔諾枝等人。天主教對葡澳政府有影響力，也聘請澳門天主教會具有影響力的神職人員（嚴紹漁和顏儼若兩位華人神父）。

10 月 10 日，澳門四界救災會發起獻國旗國花籌款活動，總督巴波沙接受求知學校的學生向其獻中國國旗，並用葡幣 5 元購買中國國花。1938 年 12 月底，汪精衛在香港致電重慶國民政府，主張與日本談和，國難當前，1939 年1 月 9 日，四界救災會向國民政府發出電報，目的聲討汪精衛，擁護政府開除汪精衛的黨務和特權。

> 願我將士同胞，本此意志，一心一德，誓死擁護，為政府之後盾，
> 使抗日民族統一戰線，各黨各派之合作，益臻鞏固，務令暴敵漢奸，
> 無所施其毒辣伎倆，則最後勝利，必屬我矣。〔註134〕

葡澳政府限制社團的活動，默許救亡賑濟團體募捐，但必須以個人名義或人道主義為由，如金錢、醫藥、糧食、物品等，禁止購買武器和軍械。葡澳政府規定所有募捐活動必須事先申報，獲得批准才可以進行。小規模募捐，須向葡澳警察辦理申請。大規模募捐，須向澳督申請批准，如售花、售旗、售章、沿途勸捐、興辦球賽等。每個義賣活動的單位，須向葡澳警察申請「人

〔註134〕黃慰慈《濠江風雲兒女》（澳門：澳門星光書店，1990），頁 21。

情紙」（許可證），義賣發起社團都必須向義賣單位有監管（錢箱加封條），防止不義之徒藉機生財。〔註135〕四界救災會主席陳少偉精通葡語，與葡澳警察直接溝通，免了不必要的問題。

隨著日本勢力擴大，迫近澳門，葡澳政府態度有所改變，對日軍和漢奸種種行徑百般忍讓。1940 年 5 月，葡澳政府不允許戶外活動和宣傳活動，祗准戶內進行，禁止在報紙刊登有關救亡的消息，對救亡團體採取不友好態度，更禁止澳門居民歸國參加抗戰。

1941 年冬，日軍和漢奸的勢力日益嚴重，政治局勢凌亂，四界救災會被迫中止活動，其他團體相繼停止。葡澳政府在「中立」期間，明確宣示有關戰爭所引起的難民救濟中，人道主義必須得到尊重。1941 年 12 月 8 日，香港受到日軍入侵後，再一次大批難民由香港擁入澳門，葡澳政府為了解決難民潮，與當地團體合作。

香港淪陷後，澳門處於「孤島」的狀態，日本、偽政權、海盜和土匪等乘虛而入，屢次向葡澳政府挑釁。特務和漢奸在偽政權的包庇下，扶助的中山一帶地方惡霸「大天二」在澳門橫行霸道，加上嚴重饑荒、使治安混亂。葡澳政府處於兩難局面，對偽政權行為只能忍氣吞聲。《華僑報》的總編雷渭靈的「梅花香自苦寒來」一文中寫道：

> 澳門表面上雖然保持中立，然事實上，日本的勢力已深入每一角落……日人並且設立一所特務機關，豢養了一批鷹犬，目無法紀，到處橫行，稍有不利於日本的，他們就加以干預……尤其是我們做新聞工作者，時刻有被傳入特務機關的可能……稍有差池，其後果是不可想像的。〔註136〕

從文中可以看到在抗戰時期澳門寫報人的處境。另有陳大白也描述抗戰：「我們報人不僅捐錢支持救國運動，並且協助宣揚抗日意識，制定，及散發傳單，有時還要照顧逃避戰禍的難民。」〔註137〕

1938 年 10 月 21 日，廣州淪陷，附近各縣都相繼淪陷。伴隨難民潮而來的還有大批內地知識份子和文化界名人到澳門逃難，成為知名人士撤回中國

〔註135〕婁勝華〈澳門救亡賑難社團的興盛與轉折（1931～1945）〉，《文化雜誌》（中文版）（澳門：澳門文化局，2007 年夏刊），頁 80。

〔註136〕《華僑報五十周年大慶紀念專刊》，轉引黃就順，《澳門的天地人》，頁 98。

〔註137〕RICARDO PINTO，鄧耀榮譯，〈中立區的炮火〉，頁 91。

的「中轉站」。廖平子是其中一名。在 1938 年 11 月 22 日，他攜帶家眷逃亡澳門。他深受屈原的愛國精神影響下，激發他積極宣傳抗日救亡的精神。他誓言：「槍放下，筆可操也，決心以詩歌爲抗戰工作。」〔註 138〕1939 年，廖平子在澳門創辦半月刊的詩畫雜誌《淹留》，每期祇出版十本，全部都是手抄的，因油印錢付不起，每一期都會附有他自己手繪的山水畫，以宣傳抗日之用。在《淹留‧發起辭》一書中：

> 淹留者何?志無成也，讀書無成，抗戰亦無成也。然則將若之何?吾
> 將以一筆墨爲原料，以詩歌爲工作，身上百千萬億毛孔，一一放出
> 無限光芒。以與敵作殊死戰，内則加筆伐於魑魅魍魎，表同情於志
> 士仁人。於是，國魂指日以復，國難指日以甦，個人人格亦永不會
> 損失，以存天地正氣。〔註 139〕

在《淹留》中，可以看出廖平子透過詩歌，表達對日本罪行的不滿，要誓死保衛的愛國精神，〈哀頭詩〉共有 1,011 個字，每句 7 字。在〈哀頭詩〉一詩中，述說家園被毀，舉家奮勇抗敵的故事，：……誰知胡馬逼人來，鐵鳥轟轟日數回。初毀田園後毀室，灶下崩騰有劫灰。良人努力田間起，勢與倭奴搏一死。〔註 140〕

1941 年，太平洋戰爭爆發，日軍佔領香港，大量香港居民逃離到澳門，包括香港華人領袖何東爵士，不少工商、金融、教育、體育界人士，以及在港英政府的中、英公務員也逃離到澳門。

葡澳政府表面「中立」，害怕會觸怒日本政府。開始對澳門抗日救亡的愛國活動，採取不支持和遏制政制，抗日救亡的知識份子受盡葡澳政府的打壓和歧視。1942 年冬天，廖平子只好回到中國曲江，繼續從事抗日救亡活動。林名溢口述廖平子的《淹留》對澳門文學的影響：

> 唸小學時，印象很深刻的就是〈哀頭詩〉……廖平子的〈哀頭詩〉
> 是模仿和借鏡白居易〈潯陽江頭夜送客〉描寫出來……廖平子住在
> 筷子基，故有「筷子磯邊朔風澈，片片吹人膚欲裂。家家歲暮閉門
> 居，只將舊恨微微說。」舊恨是什麼呢，新仇舊恨，是指日本鬼子

〔註 138〕黃鴻釗，〈抗日火中的濠江兒女〉，《文化雜誌》（中文版）（澳門：澳門文化局，2010 年冬刊，第 77 期），頁 202。
〔註 139〕黃鴻釗，〈抗日火中的濠江兒女〉，頁 202。
〔註 140〕黃鴻釗，〈抗日火中的濠江兒女〉，頁 202。

到他們的故鄉，珠江三角洲的人民無家可歸，妻離子散，兵荒馬
亂。……〔註141〕

林名泣又補充《淹留》中的「胡塵一日掃未盡，我志未竟，肩頭無日不千鈞。」
　　這幾句說話集中體驗了他的愛國精神，國家興亡，匹夫有責，他心
　　目中對這件事總耿耿於懷，胡塵一日掃未盡，胡塵不是指匈奴，是
　　指日寇，我志未竟，肩頭無日不千鈞，三十斤為一鈞，一千鈞，化
　　作斤是鈞的三十倍，即是三萬斤，在他的著作可充份了解他的愛國
　　精神。〔註142〕

　　以澳門為橋樑，分批撤離，主要搶救被困在香港 800 多名文化界人士、
愛國民主人士、抗日國民黨和國際友邦國人士。〔註143〕

　　共產黨為了統一抗戰，有黨地方組織和抗日游擊隊希望與葡澳政府合
作。在這期間，鄰近澳門五桂山，出現一支龐大的中山人民抗日游擊隊（下
稱「中山游擊隊」）。是由共產黨領導的中山敵後游擊根據地（五桂山抗日游
擊根據地）。〔註144〕日本在太平洋戰爭處處失利，世界反法西斯戰爭日趨明
朗，葡澳政府為避免戰後政治被動，而適當與日本拉遠距離〔註145〕。葡澳政
府為了自身的利益，希望得到中山游擊隊的幫助。葡澳政府有意向中山游擊
隊合作。駐五桂山區的南番中順游擊區指揮部（下稱「指揮部」）決定與葡澳
政府合作，有利珠江三角洲地區共產黨和中山游擊隊在澳門展開統一戰術，
動員和團結澳門愛國僑民支援中國抗日。共產黨透過中山縣（孫中山元配夫
人盧慕貞、四姐孫妙茜）和澳門的中、上層知名人士（著名醫生招蘭昌，與
中山縣行政督導處主任阮洪川是年少的同班同學、著名慈善家何賢）的幫助，
與葡澳政府作聯繫的工作，了解葡澳政府現有情況和敵偽之間的各種矛盾。
〔註146〕夫人在澳門居住地方（現為國父紀念館），成為共產黨在澳門地下組
織聯絡站之一，接待五桂山、鳳凰山抗日根據地的共產黨黨員。〔註147〕1943

〔註141〕蔡珮玲，《口述歷史：抗日戰爭時期的澳門》，頁 124。
〔註142〕蔡珮玲，《口述歷史：抗日戰爭時期的澳門》，頁 130。
〔註143〕武國友、李容等《全民族抗日戰爭 1937～1945 年》（北京人民出版社，2011
　　　　年 6 月），頁 96。
〔註144〕中共廣東省黨史，《澳門歸程》（一）（廣州：廣東人民出版社，1999 年 10 月），
　　　　頁 148。
〔註145〕婁勝華，〈澳門救亡賑難社團的興盛與轉折（1931～1945）〉，頁 80。
〔註146〕中共廣東省黨史，《澳門歸程》（一），頁 149。
〔註147〕羅祖寧，〈珠澳攜手抗戰史話──華南抗戰史上的重要一頁〉《紅廣角》，（2016
　　　　年 3 期），42 頁。

年底，中山游擊隊領導歐初透過在五桂山貝頭里村傳教的澳門天主教安神父，與葡澳政府作爲溝通的橋樑。安神父返回澳門時，派出游擊隊隊員鄭永輝負責護送，並請安神父設法將歐初寫的信轉交葡澳政府。大致內容：如果日本、僞政權進入澳門，中山抗日游擊隊願意支援，希望加強聯繫和互通情報。目的是團結國際友人，爭取國際的援助。安神父一到澳門，就把歐初的信轉交葡澳政府，葡澳政府派出警察廳秘書長慕拉士款待鄭永輝，表示感謝護送安神父和承諾加強聯繫。

　　1944 年 1 月 1 日，中山游擊隊改名中山人民抗日義勇大隊（下稱「義勇大隊」）〔註148〕多次粉碎敵人的圍攻和出擊。根據地的政權逐漸走上軌道，成立了經濟委員會。葡澳政府一直被治安問題困擾，外圍的漢奸、僞軍、土匪等經常在澳門境內作案，事後就逃回外圍，葡澳警察不可越境搜捕他們。葡澳政府軍事力量單薄，難以用武力控制全局，試圖取得義勇大隊的幫助。葡澳政府找了一位旅居澳門原國民黨中山縣政府任職人員黃槐，與歐初認識（歐初親戚的朋友），在中山和澳門有一定的名聲。黃槐透過游擊隊帶來葡澳政府的口信，內容：葡澳警察廳廳長有事要找歐初。歐初向指揮部請示，批准義勇大隊派人到澳門。義勇大隊副支隊長羅章有認爲澳門「中立」，可幫助大隊提供有利情報，派人與葡澳政府聯繫。

　　8 月，二區中隊楊子江以歐初名義寫一封信給黃槐，經濟工作委員會秘書長梅重清持信與黃槐接洽。黃槐安排雙方會面，指揮部批准義勇大隊先後派出梅重清、郭甯、黃樂天等隊員到澳門，葡澳政府派出慕拉士爲代表，要求配合維護澳門外圍治安，打擊騷擾澳門治安的僞軍、漢奸和土匪。中山義勇大隊同意葡澳政府要求，會配合葡澳警察打擊澳門違法者，維持社會的治安。葡澳政府同時作出 3 個承諾：一、同意義勇大隊前往澳門進行各種活動，包括在澳門募捐，向避居在澳門的中山富商徵收愛國軍糧等；二、同意在澳門購買子彈、藥物、醫療器材、通訊器材等物資，允許中山義勇大隊隊員攜帶武器進出澳門，秘密執行任務。協助澳門的電台運回五桂山根據地，動員澳門愛國青年參加游擊隊。三、同意運送傷員到澳門各大醫院治療，並培訓醫療人員。〔註149〕從五桂山、鳳凰山至翠微、上柵、關閘到澳門，建立一條秘密交通線，從澳門購買藥品、武器、電臺等會從交通線安全運回根據地，受

〔註148〕吳志良、黃鴻釗、鄧開頌、陸敏，《澳門歷史新說》，頁 422。
〔註149〕中共廣東省黨史，《澳門歸程》（一），頁 151。伍依麗、盛海輝，〈撫膺每覺心還熱——記抗日志士、文化名人歐初〉，《源流》，（2013 年 3 期），45 頁。

傷隊員也從交通線送到澳門治療。〔註150〕

　　1944 年重陽節當天，郭靜之到澳門作聯絡工作，帶回一個身穿西裝的中年男子，來到南朗鎮石門楊賀村旅美華僑賀伙明家，奉葡澳警察命令找義勇大隊大隊長歐初，希望義勇大隊給予幫助，捉拿匪徒頭目「老鼠精」〔註151〕歸案。歐初認為可藉此機會同澳葡政府合作和打擊猖狂的特務。義勇大隊同意協助葡澳政府，並要求葡澳政府協助搜捕漢奸鄭實雙方達成協定。〔註152〕1945，葡澳政府以義勇大隊長歐初名義，派 2 名葡澳代表到鳳凰山區東坑村，找鳳凰山區抗日游擊隊（白馬隊）隊長譚生見面，商量活抓「老鼠精」具體事宜。

　　譚生透過可靠消息，找來熟悉香洲一帶青年陳弼監視「老鼠精」，瞭解到「老鼠精」經常到香洲煙館吸食鴉片，煙癮過後會到水雍坑楊姓女子家中尋歡。幾天後，陳弼跑到東坑村找譚生，「老鼠精」到煙館吸食鴉片。譚生等人便衣農民，配帶手槍，從東坑村到達靠近香洲榕樹頭附近的小山崗上。他們觀察地形和周圍環境，發現興業銀號門口有兩個配帶駁殼槍的農民，判斷二人是「老鼠精」的手下。譚生命令隊員吳當鴻和周賀分散兩頭作警戒，自己帶著隊員李鬱軍和賀友仔直奔銀號。他們迅速制服兩名手下，衝上二樓，制服煙癮未過的「老鼠精」，帶上手銬和押送到南屏鄉一間祠堂內，移交給葡澳警察。葡澳政府如約將鄭實移交給白馬隊，十分滿意這次的合作，派人到五桂山找歐初，建議加強兩者間聯絡。

　　1944 年後，葡澳政府一改討好日本態度，改由暗中支持中國抗日，雙方遵照協定，建立良好合作的關係。澳門富商傅德蔭、嚴仙洲、吳志強等人協助來澳門的義勇大隊隊員募捐，傅德蔭、何賢、何德、李占記等共捐得中儲券一百多萬元和一批藥品。義勇大隊黃樂天、郭靜芝、李成俊等在澳門徵得稅款中儲券五十五萬元，在澳門建立義勇大隊秘密的辦事處。葡澳政府派代表到五桂山與義勇大隊聯繫，並送來了一部分藥品和電台配件等。1945 年 1 月 15 日，義勇大隊被編入廣東人民抗日遊擊隊珠江縱隊部隊。

〔註150〕羅祖寧，〈珠澳攜手抗戰史話──華南抗戰史上的重要一頁〉《紅廣角》，（2016年 3 期），43 頁。

〔註151〕「老鼠精」是中山九區人、十年慣匪，槍法如神。曾被國民黨的第七戰區挺進第三縱隊（挺三縱隊）司令袁帶重用，後投敵當日本特務，糾集了一幫歹徒，配有精良武器，搜集共產黨的軍事情報。在澳門作奸犯科，專門搶劫當舖和金舖，與葡澳警察開火。他們行蹤飄忽，經常出沒澳門和中山香洲，使葡澳政府束手無策。中共廣東省黨史，《澳門歸程》（一），頁 151。

〔註152〕吳志良、黃鴻釗、鄧開頌、陸敏，《澳門歷史新說》，頁 423。

第四章　抗戰勝利前後

第一節　國民政府試圖收回澳門

一、國府戰時規劃

　　1943 年，國民政府仍未有收回澳門的打算，在 7、8 月期間，外交部宋子文出訪歐美時，在葡萄牙首都里斯本與葡萄牙代表會面，詢問在戰後會如何處理澳門的問題。1944 年 2 月 21 日，國民政府駐葡萄牙大使張謙，向外交部提出「建議戰後收回澳門的報告」，指出葡萄牙早已失去海外殖民權，倚仗英國來支撐遠東利益，在遠東無能力保持澳門的中立，使國民政府在政治和軍事受到無限損失，以國防立場應收回。〔註 1〕張謙又指出葡萄牙政府在較早前，把亞速爾群島租借給英國，雙方達成協議，戰後英國會全力支持葡萄牙維持遠東殖民政策。10 月，廣東省黨部主任委員李漢魂向國民政府提議，抗戰期間乘機收回澳門：「基於戰時葡萄牙的中立國地位，澳門問題若戰後處理，必感困難……在華南發動反攻之期，乘澳門兵力薄弱，以鎮壓變亂、保護僑民和追擊敵偽為由，進攻澳門，以造成既定事實，然後以外交手段與葡交涉」〔註 2〕

　　同時，軍司令部徐永昌以澳門「中立」為名，實則是損害中國政治和經濟，應立即收回澳門。戰後若以外交與葡萄牙交涉，不免浪費時間，提議蔣介石反攻華南戰區時，以保護僑民生命和追擊汪偽政權為由，乘機占領，再

〔註 1〕林發欽，王熹，《孤島影像：澳門與抗日戰爭圖志》，50 頁。
〔註 2〕陳錫豪，〈抗日戰爭時期澳門〉，頁 80 頁。

以外交方法解決。〔註3〕外交部部長宋子文回覆此提議是可行，經外交部開會討論後，而所更改：

> 查依照一八八七年中葡條約，澳門係由我國准葡永駐管理，惟不得轉讓於他國。故澳門之特殊地位，既非割讓地，亦與普通租借地和租界不同，我於戰後要求交還，固可援引各國交還租借地界之先例，惟事實上將視我要求英國交還香港，九龍之結果而定。英若交還香港，九龍，則葡之交還澳門始不成問題。〔註4〕

如現在強行占領澳門，勢必引起英國爲葡萄牙聲援，造成同盟國的疑慮，影響國軍收復華北和東北的計劃，不能因小失大。〔註5〕

11 月，國民政府外交部建議，收回澳門問題最好等待戰爭結束，英國政府交還香港九龍後再解決：「倘日敵進佔澳門，或日軍敗退時逃入該地，我自可以追擊爲辭予以佔領，然後由外交途徑要求歸還。但若無此顯著事實，則務宜愼重不可輕動」〔註6〕蔣介石同意外交部建議。

1945 年 1 月，韶關主席李漢魂致電蔣介石要求收回澳門，若在華南戰場時，日軍退入澳門躲避或利用爲根據地，追擊國軍，再用外交手段解決。汪僞廣東當局和附近的駐軍搜集到葡澳政府壓迫中國僑民和接濟日僑證據。〔註7〕5月 8 日，德國宣告投降。

6 月，國民黨駐澳門支部負責人周重光向國民政府提出相關方案，24 日，蔣介石回覆，並致電駐守粵北的第 7 戰區司令的余漢謀和廣東省部主任委員李漢魂：

> 爲使無條件收回澳門……利用僞軍名義出面收回：（一）於盟軍總反攻進展時，使該僞軍仍以敵僞名義，向澳門撤退，同時派遣一部正規軍適時以追擊態勢，跟蹤進入澳門；（二）正規軍入澳門後，僞軍應依事前之約定投降，再由正規軍恢復秩序，保護外僑；（三）如此作事實上之佔領後，再由外交部循外交途徑，向葡直接交涉收回之。〔註8〕

〔註3〕 吳淑鳳，〈伸張正義？——戰後引渡逃匿澳門漢奸（1945～1948）〉，《國史館學術集刊》1（台北：國史館，2001 年 12 月），頁 132。
〔註4〕 吳淑鳳，〈伸張正義？——戰後引渡逃匿澳門漢奸（1945～1948）〉，頁 132。
〔註5〕 吳淑鳳，〈伸張正義？——戰後引渡逃匿澳門漢奸（1945～1948）〉，頁 132。
〔註6〕 陳錫豪，〈抗日戰爭時期澳門〉，頁 81～82 頁。
〔註7〕 「韶關李主席致電國民政府外交部 1159 號」（1945 年 1 月 4 日），〈澳門問題等〉《外交部檔案》，國史館，典藏號：020-042702-0015-0016。
〔註8〕 「蔣中正致電余漢謀、李漢魂 3665 號」（1945 年 6 月 24 日），〈領袖指示（17）〉，《蔣中正總統文物》，國史館，典藏號：002-090106-00017-098。

7 月 26 日，波茨坦會議發表《中英美促令日本投降之波茨坦公告》。〔註 9〕7 月 28 日，當時日本軍部與內閣之間產生矛盾，日本首相鈴木召開內閣會議，對宣言公開發表「不予評論」的「默殺」(Ignore)，只須完成戰爭，美方翻譯為「拒絕」(Reject)。8 月 6 日和 9 日，美國分別在廣島和長崎投下兩枚原子彈，〔註 10〕8 日，蘇聯向日本宣戰，出兵中國東北。10 日，日本昭和天皇通過瑞典和瑞士政府向中、美、英、蘇四國表示接受《波茨坦公告》，宣佈無條件投降。11 日，國民黨澳門支部印發《抗戰勝利告僑胞》：

> 因為今天是我們中華民族得到了完全自由平等的日子，我們一切不平等條約解除了，我們國際地位得到真正平等，……八年來為保衛祖國而鬥爭的辛勞，同時亦感謝盟邦人士幾年來對我國的協助，我們才得到今天的勝利，……我們要得知這次戰爭，是要使世界人類得到永久的和平，故不惜以巨大的犧牲去抵抗日本的侵略。〔註 11〕

澳門市民群情激動，鳴放鞭炮慶祝，葡澳政府以違反中立立場為由，數百人被逮捕。〔註 12〕商會主席高可寧呼籲市民勿輕舉妄動，要聽從澳督一切指示。〔註 13〕12 日，日本駐澳門領事發表一份公文，否認日本投降的消息，號召在澳門的日本人保持鎮靜，繼續和平地從事他們各自的活動。8 月 12 日，歐洲戰爭剛結束，太平洋戰爭還持續進行，葡澳政府害怕中國和同盟國「算舊帳」，立即與日本劃清界線。上午 11 時，澳督戴思樂借鑑各報社代表，表示日本與葡萄牙邦交關係與戰前相同，而澳門會繼續保持中立的態度。

二、迎接勝利到來

1945 年 8 月 15 日上午 7 時，中、美、英、蘇四國政府同時宣佈接受日本投降，標志著中國抗日戰爭、太平洋戰爭和第二次世界大戰勝利結束。葡澳政府才真正從日本的威脅得到解脫，結束「三年零八個月」的風潮時，恢復戰前的和平，不再成為東亞地區唯一的「孤島」。抗戰勝利後，戰時由各地逃難到澳門的難民，都返回國內，人口大量減少，只剩下十多萬人。

〔註 9〕　溫春來，《澳門傳奇》，頁 367。
〔註 10〕　「廣島被襲引起相當損害　原子彈爆炸力驚人　日李鍋公殿下負傷戰死」，「一顆原子炸彈威力等於二千架超空堡」，《華僑報》，1945 年 8 月 9 日。
〔註 11〕　林發欽，王熹，《孤島影像：澳門與抗日戰爭圖志》，59 頁。
〔註 12〕　「警察局加派巡邏　禁市民燃放炮竹」，《華僑報》(澳門版)，1945 年 8 月 12 日。
〔註 13〕　「商會主席高可寧等謁澳督請示一切　市民務須遵守法令切勿輕舉妄動」，《華僑報》，1945 年 8 月 12 日

　　8 月 14 日晚上，澳門僑民最先獲得日本投降的消息，透過短波收音機收聽印度新德里盟軍電台的英語廣播和重慶國民政府電台的國語廣播中，知道日本政府曾在 8 月 10 日透過中立國家瑞典同盟國洽降，14 日，日本天皇無條件投降。15 日，投降消息被證實後，澳門僑胞紛紛升起青天白日滿地紅旗，燃放鞭炮慶祝。投降消息傳出之後，中、美、英、蘇四國被稱爲四強，商店都紛紛懸掛四國國旗，但引起了葡澳政府的干涉，原因是葡萄牙總理薩拉沙領導國民協會（Uniao Nacional）所執政，是一個強烈反共國家，和蘇聯沒有建立良好外交關係，禁止在葡萄牙所屬地區懸掛蘇聯國旗。由於同盟國勝利，日本投降，葡澳政府不能強行執行這項禁令。〔註 14〕

　　15 日，日本天皇經過軍政會議，公開接受《波茨坦公告》宣言，下令所有戰區立即停戰。〔註 15〕澳門居民以各種方式慶祝抗戰勝利，有錢出錢，〔註 16〕有力出力，目的要向社會各階層分享勝利。

　　葡澳警察以有日本人還在澳門居住爲由，曾當天禁止燃放鞭炮，擔心澳門僑胞慶祝抗戰勝利時，會襲擊日本人，引起事端。一些澳門僑胞便將空的火油桶代替鞭炮，用繩子拖在腳踏車後面，在街上行駛時會發出鞭炮的聲音。到了第二天，這項禁令並沒有人理會，葡澳警察更無法阻止。8 月 15 日至 17 日，一連三天，葡澳政府宣佈晚上 8 時到次日清晨爲宵禁時間，並沒有向外說明原因。在這三個晚上，葡澳政府將還留在澳門的日本官員和僑民秘密送走。日本雖然已經投降，在華南地區仍有日本的勢力，日本人回到廣州較爲安全，而葡澳政府也可以卸除保護留在澳門的日本人安全的責任。〔註 17〕同一時間，葡澳政府把留在澳門的南京汪精衛僞政權人物（漢奸李根源、黃公傑等人）拘捕，也查封日本人和汪僞政權人物在澳門的房產，移交給國民政府接收。18 日，澳督戴思樂因抗戰勝利，在電台贊揚廣大澳門居民，〔註 18〕在艱苦太平洋戰爭中，忍受著物資短缺和精神痛苦，仍能堅持團結和樂觀地

〔註 14〕 李福麟，《澳門四個半世紀》，頁 155

〔註 15〕 「日皇宣佈接受波次坦宣言　即下令前線日軍停止開火」，《華僑報》（澳門版），1945 年 8 月 17 日。

〔註 16〕 「慶祝勝利狂熱異常　全僑一片獻金聲」，《華僑報》（澳門版），1945 年 8 月 30 日。「狂熱慶祝勝利　全澳設牌樓十五座　社會各階層一致起來獻金」，《華僑報》（澳門版），1945 年 8 月 31 日。

〔註 17〕 李福麟，《澳門四個半世紀》，頁 153～154。

〔註 18〕 「世界和平實現　澳督今晚發表廣播　對今後措施及態度有明白啓示」，《華僑報》（澳門版），1945 年 8 月 17 日。

克服困難，並且承認政府對民間援助不足，澳門居民仍能團結一致，渡過難關。〔註19〕20 日，中國駐葡萄牙公使要求里斯本政府放棄在華的領事裁判權，要根據《大西洋憲章》將澳門歸還中國，恢復被暴力剝奪的各國人民的主權。同時，葡澳政府取消戒嚴，可自由燃放爆竹。〔註20〕24 日，國民政府軍事委員會委員長蔣介石宣佈不會用武力收回香港，但未提及收回澳門。25 日，在湖南省芷江縣準備接受日軍投降的陸軍總司令何應欽致電蔣介石，請派兵到澳門接收日軍的資產：「查葡領澳門為日軍物資集散地，本部擬令第二方面軍張司令官派部隊前往佔領，接受日軍投降，並接收其物資。惟葡萄牙原屬中立國，有關外交究應以何種方式辦理，請指示一般原則。」〔註21〕

三、強權之間的角力

30 日，英國太平洋艦隊司令夏慤海軍少將率領船隊進入香港，〔註22〕接受日軍投降，重新升起英國米字旗，恢復對香港的管治。〔註23〕31 日，國民政府外交部歐洲司擬定澳門在戰後的收回各種政策。同一時間，蔣介石以勝利國的姿態，誓言收回被帝國主義所佔領的地方，在甲午戰爭中被日本割讓的台灣和澎湖，收回鴉片戰爭被列強在中國強租的全部租界和租借地。〔註24〕蔣介石手令「可先令張司令官派部佔領澳門，接受日軍投降及接收物資。外交上之一般原則，係於事實上之佔領後，由外交部循外交途徑，向葡直接交涉收回澳門，已電飭外交部遵辦矣。」〔註25〕

中國民眾希望國家可以領土完整，香港再次被英國佔領，澳門被葡萄牙強佔，都是不平等條約。在這形勢下，收回香港和澳門是最好的時機，中國各界掀起了要求收回澳門的熱潮。〔註26〕蔣介石命令第二戰區長官張發奎率

〔註19〕傅玉蘭，《抗日戰爭時期的澳門》，頁 175。
〔註20〕「慶祝世界和平 今日准燃放爆竹 特別戒嚴今昨晚已取消」，《華僑報》（澳門版），1945 年 8 月 20 日。
〔註21〕「陸軍總長何應欽致電蔣介石 24210 號」（1945 年 8 月 25 日），〈增編（九）〉《蔣中正總統文物》，國史館，典藏號：002-090300-00224-427-001a。
〔註22〕「英艦駛入香港港口」，《華僑報》（澳門版），1945 年 8 月 31 日。
〔註23〕「英艦開入香港 泰晤士強調英國之統治權」，《華僑報》（澳門版），1945 年 9 月 1 日。
〔註24〕「中法簽訂專約 廣州灣歸還我國」，《華僑報》（澳門版），1945 年 8 月 20 日。
〔註25〕「蔣介石致何應欽」（1945 年 9 月），〈勝利受降（四）〉《蔣中正總統文物》，國史館，典藏號：002-090105-00015-116。
〔註26〕費成康，《澳門：葡萄牙人逐步占領的歷史回顧》，（上海：上海社會科學出版社，2004 年 8 月），頁 264。

領第二方面軍隊由廣西的梧州進駐廣州，包括在珠江三角洲一帶的地區（包括深圳、中山），負責接受日軍投降和武器等任務。香港英國政府派菲士丁（Major General Festing）前來拜訪，其他在華英美人士都有參與，唯獨葡澳政府沒有派人前來，認為葡澳政府十分無禮。9 月，國民政府外交部致駐葡萄牙大使，向葡萄牙政府表達中國想收回澳門的意願：

　　（一）治外法權取消，外人在全境內可自由，葡方無再保留澳門必要。

　　（二）澳門與一般租借地不同，有阻中國主權。

　　（三）法國已交還廣州灣，葡萄牙應交還澳門。

　　（四）中日戰爭期間，澳門曾為日方使用，使中國蒙受重大損失。

〔註27〕

美國政府對澳門收回一事，尊重葡萄牙在其所有殖民地的主權。美國政府在 1943 年 10 月 26 日向葡萄牙政府作交換，獲得葡萄牙的亞速爾群島基地的使用權，不會捲入中國對澳門的主權要求。

　　9 月 3 日「勝利日」澳門僑民團體在南灣廣場舉行「全澳僑胞慶祝抗戰勝利世界和平大會」，升起中、葡兩國國旗昇旗儀式，募捐獻金 38,144,868 元。〔註 28〕當晚也舉行「慶祝勝利提燈大遊行」，可算是澳門多年難得一見的盛會。9 日，國民黨軍隊和英國軍隊在香港共同接受日本的投降工作，當時葡澳政府軍警不足 1,000 人，海上只有 2 艘數百噸的小炮艦。張發奎率領的軍隊裡有一些國民政府官員認為，香港、澳門本來也是英國和葡萄牙用武力佔領。只要一個「師」的兵力就可以佔領香港，一個「營」的兵力就可以佔領澳門。因為當時國民黨軍隊已經抵達香港新界北部地區，有足夠的兵力可攻占香港和澳門。國民政府如果以武力收復香港和澳門，就必須與英國和葡萄牙對抗，美國不一定會支持，〔註29〕不想為了收回問題而得罪英美帝國。

　　10 日，國民政府外交部表示：「澳門與香港有唇齒相依之勢，中國若以武力侵佔澳門，葡以英國為後盾，決難拱手相讓。必時控我於聯合國機構，中

〔註27〕　「國民政府外交部致駐葡萄牙公使」（1945 年 9 月 26 日），〈澳門問題等〉，《外交部》，國史館，典藏號：020-042702-0015-0042。

〔註28〕　林發欽，王熹，《孤島影像：澳門與抗日戰爭圖志》，60 頁。「『勝利日』期已公佈　全澳今日熱烈慶祝　今天全市休息狂歡三日　巡行分四大隊空巷萬人」，《華僑報》（澳門版），1945 年 9 月 4 日。「『勝利日』的狂歡　僑胞熱烈慶祝和平」，《華僑報》（澳門版），1945 年 9 月 5 日。

〔註29〕　徐彬，《話說澳門》，頁 272。

國縱有收回澳門之充分理由，至是陷於理屈地位。」〔註 30〕同時，在澳門設立代表機關，認爲澳門是中國的領土，不用設領事機關。在澳門設立「中華民國外交部駐澳門特派員公署」，後改名「中華民國外交部駐澳門專員公署」，設在南灣街 91 號漢奸李根源的住所，主要的工作中葡兩方的交涉工作。〔註 31〕維持澳門僑胞權益的工作。

第二節　武力封鎖之議

一、國府積極佈署

　　1945 年 8 月 24 日，蔣介石曾召開國民黨國防最高委員會和中國國民黨中央執行委員會，宣佈不會使用武力收回香港，〔註 32〕以外交談判的途徑解決香港的問題。因蔣介石有言在先，駐守在香港和深圳交界的國民軍隊不敢再前進，將香港和澳門收回。〔註 33〕愛國將領明白不能從英國手中收回香港，但蔣介石沒有下達命令不可收回澳門。28 日，駐中山地區日軍撤退，張惠長擔任中山縣縣長。〔註 34〕31 日，何應欽總司令回覆張司令提議佔領澳門，接受日軍投降和物資，佔領澳門應交由外交部，以外交途徑向葡萄牙政府交涉。〔註 35〕9 月，國民政府外交部向中國駐葡萄牙公使張謙，提出要收回澳門的意願。他們認爲澳門妓院賭場林立，有辱名聲，是國恥的行爲。應馬上收回，就促使中山縣縣長張惠長、師長劉紹武向葡澳政府提出收回澳門的主張，「電廣州張發奎主任。羅卓英主席。以廣東發起收回澳門運動。今非其時。勉強行之。將徒招國際之妒嫉與輕視。應設法平息。」〔註 36〕10 月，中山縣長張惠長和第 64 軍 159 師師長劉紹武在張發奎暗中支持下，在中山石岐舉行第一

〔註 30〕陳錫豪，〈抗日戰爭時期澳門〉，頁 83～84 頁。

〔註 31〕李福麟，《澳門風雲史話──一位新聞工作者的記詳》，頁 222。

〔註 32〕「香港問題如何處理　宋院長赴英後始能解決」，《華僑報》（澳門版），1945
　　　　年 8 月 24 日。「中英重視香港問題　美官方對此不發表意見」，《華僑報》（澳
　　　　門版），1945 年 8 月 25 日。

〔註 33〕陳東林，《澳門旋風》，上海世界圖書出版，1998 年 12 月，頁 216。

〔註 34〕「中山日軍廿八日前撤退　石岐民眾準備迎張縣長」，《華僑報》（澳門版），1945
　　　　年 8 月 26 日。

〔註 35〕「何應欽總司令回覆張司令 A4303」（1945 年 8 月 31 日），〈勝利受降（一）〉，
　　　　《蔣中正總統文物》，國史館，典藏號：002-090105-00012-206-001a。

〔註 36〕周美華，《蔣中正總統檔案──事略稿本》（70），2012 年 10 月。

次國慶，並發動反對葡萄牙殖民者佔領澳門運動。在中山縣從事游擊活動的挺進第三大隊大隊長屈仁則，以國民黨駐澳門支部特派員身份進入澳門，澳門各地舉行各種集會，散佈輿論，對葡萄牙殖民者長期居留澳門的行為表示強烈的抗議、集結在澳門居住的華人進行遊行和集會。

　　葡澳政府十分緊張，害怕國民黨軍隊會進入澳門，以「維持澳門社會治安」之名，封鎖前山一帶進出入境的邊界、把關閘以北 10 丈的地方設立崗哨、限制中國內地的居民進入澳門、禁止集會宣傳，嚴禁澳門華人反葡萄牙殖民者佔領澳門運動。廣東省各地極為不滿和譴責，要求國民政府立即收回澳門。較早 8 月前，廣東中山縣旅渝同鄉會常務理事鄭兆麟等人致外交部，希望速向葡國交涉，早日收回澳門，維持國權和繼承國父的遺志。其內文表示：

> 設置「總督」施行其奴隸政策，且不時侵擾我縣境搶掠鄉民財物……藉其勢力庇護我國罪犯，以故罪孽反動之徒恒以此為若輩之根據地，是直接妨礙我國法之執行，間接破壞我縣境之治安……在求中國之自由平等，臨終猶諄諄以廢除不平等條約，勗勉國人當茲民族解放戰爭，已告勝利之日澳門之歸還我國。〔註37〕

9 月 12 日，張惠長向外交部提出收回澳門的電報：

> 戰時違背中立信守，公然助敵，現敵寇已降，澳門失去中心，其內外各部份偽軍不遵委座真電著駐守原防命令紛○，準備大舉搶掠，有所企圖茲有黃祥黃森黃公潔陳埭九等，維持治安，乘機收復百年失地符合國土完整，原則屆時○於外交問題悉聽中央處理。〔註38〕

司令張發奎致電師長劉紹武，不滿葡澳政府不合作態度：

> 澳政府近來對我更加倒行逆施‧作種種不利於我之措施……並對葡人之無善措施‧似即發動民眾對澳門實行柴糧菜蔬等日用品之封鎖等情‧查澳門在血戰八年艱苦收復之下‧仍主權仍他屬‧而澳葡當局不友善親鄰態度反變加屬‧予我以種種不利‧實堪痛心‧似復合該師長以不惹起我外交不利狀況‧不准予以各種方法封鎖壓迫‧以圖改善。〔註39〕

〔註37〕　「廣東中山縣旅渝同鄉會常務理事鄭兆麟等人致外交部 11047 號」（1945 年 8 月），〈澳門問題等〉，《外交部檔案》，國史館，典藏號：020-042702-0015-0019、020-042702-0015-0020。

〔註38〕　「張惠長致電外交部」（1945 年 9 月 15 日），〈澳門問題等〉，《外交部檔案》，國史館，典藏號：020-042702-0015-0050。

〔註39〕　「第二方軍司令張發奎致電師長劉紹武 5303 號」（1945 年），〈澳門問題等〉，《外交部檔案》，國史館，典藏號：020-042702-0015-0143。

　　廣東省政府向葡澳政府指出，仍有日本人和漢奸在澳門匿藏，要求葡澳政府把日本人和漢奸交由廣東省政府處理，中國軍隊必要時可自由進出澳門，搜捕日本人和漢奸。葡澳政府認為國民黨軍隊一旦進入澳門，會威脅葡萄牙在澳門四百年來的殖民統治，拒絕廣東政府提出的要求。

　　在國民政府考慮如何處理澳門主權問題時，葡萄牙政府不願失去對澳門主權，而採用相對政策。葡萄牙政府發動親葡的澳門商人和華僑團體，以澳門華僑團體主席身份代表全澳華僑，曾在 9 月 9 日向葡萄牙各報社公開致電葡萄牙政府，讚揚葡萄牙政府和澳督在戰爭期間嚴守中立，使澳門居民免受戰火，並感謝葡萄牙政府在戰時對澳門居民的關心和照顧。10 月 6 日，葡萄牙總理薩拉沙發表一份戰後文告，其中一點：澳門成為東方難民批庇所達 6 年，其間救濟無數中國難民，對中國有所貢獻。〔註 40〕

二、葡澳極力抗拒

　　11 月，第 64 軍 159 師獲得張發奎下達的命令，國民軍隊立即由石岐一帶前往前山。他們在灣仔、前山等地進行夜間演練，進行超過澳門地區的炮火射擊距離，封鎖中國和澳門的邊界、切斷中國內地對澳門糧食和其他副產品的供應。日常用品的價格膨漲 3 倍，大米膨漲 370 元葡幣一擔，豬肉 15 元一斤，相反工業品的價格狂跌。澳門再一次陷入混亂，人心惶惶。一些逃到澳門的漢奸、日偽商們等極為恐慌，不少人轉逃香港、冒充「土生仔」逃到歐洲和南洋。〔註 41〕戰前逃難到澳門的中國居民和澳門居民都紛紛遷回中國、香港和東南亞地等一帶，使澳門人口急劇下降。14 日，張發奎致電蔣介石，再次要求採取有效辦法收回澳門：

> 竊以收復澳門不僅關係國土主權，其於目前之地方治安與懲辦奸黨、收回物資諸事，尤為刻不容緩之事。蓋澳門向為煙賭盜匪之藪，自日軍投降以來，而一般漢奸及日本間諜罪犯暨日軍船艦物資均先後逃匿該處，奸匪更以為據點……職以重寄南疆，對此甌脫之區，茲日不為心憂思慮，冀其早日收回，以杜禍患而靖地方。〔註 42〕

20 日，新上任外交部長王世杰回覆，要等待時機成熟再收回澳門：

〔註 40〕吳淑鳳，〈伸張正義？——戰後引渡逃匿澳門漢奸（1945～1948）〉，頁 134。

〔註 41〕廣東省政協文化和文史資料委員會，《廣東文史資料精編（上編）第一卷——民國時期政治篇》（廣東：中國文史出版社，2008 年 12 月），頁 197。

〔註 42〕陳錫豪，〈抗日戰爭時期澳門〉，頁 86 頁。

> 現我如遽用兵收復澳門，在此內外政情尚甚俶擾之際，深恐易失國
> 際同情；二、葡英有同盟關係，逆料收復澳門，葡將藉英自重，似
> 宜九龍租借地收回後，再行交涉，至少須先使英之態度中立，然後
> 葡方就範。〔註43〕

師長劉紹武聽從張發奎命令往前山封鎖澳門，24 日，與葡澳警察發生衝
突，葡澳政政府幫助日人和漢奸逃離澳門，師長劉紹武希望所屬部隊解除封
鎖，直接進駐澳門。

> 奉命前進中山新邊界前山灣仔一帶加緊封鎖完全控制岐關公路及珠
> 江水山交通不許糧食運輸……至二十六日因有澳境印差勒索小販經
> 國軍向前排解結果竟遭印差開槍射擊排解國軍當時社會爲了騷
> 動……駐澳之日人漢奸姦民等載往葡京庇護其觀迎其人葡籍每人僅
> 葡幣數十元即可獲得葡籍固之走投無路之日俘漢奸等紛紛投葡。〔註44〕

25 日，國民政府外交部致電葡萄牙政府外交部表明澳門現在的處境，澳門糧
食向來由內地輸入澳門，封鎖來源斷絕。葡澳政府希望國民政府能顧念數大
萬人民生活將封鎖解。〔註45〕

　　葡澳政府知道事態嚴重，立即向張發奎將軍表示歉意，央求香港英國政
府出兵防守澳門，也透過香港英國政府向國民政府求情。港督楊慕琦爵士（Sir
Mark Aitchison Young）明白英國已失去「日不落帝國」的風采，擔心澳門回
歸，會危及香港的安全，決定幫助葡澳政府渡過難關。港督楊慕琦建議南京
政府要慎重對待澳門的問題，戰爭剛結束，一切以安穩爲前提，如對澳門採
用強硬措施，恐引發中國與葡萄牙外交矛盾，國際間不會支持中國。軍政府
總督夏愨將軍（Rear Admiral H.J.Harcort）的協助和疏通下，要求國民政府解
除對澳門的封鎖。葡澳政府會保證驅趕在澳門的日本人和漢奸，漢奸戰犯交
由廣東政府處理，查封在澳門所有的財產。中國軍民可以自由出入，不受任
何的限制，中國所有黨派可以在澳門自由集會等。

〔註43〕　「何應欽致成寒宸 9978 號」（1945 年 11 月 15 日），〈勝利受降（四）〉，《蔣中
　　　　正總統文物》，國史館，典藏號：002-090105-00015-091。

〔註44〕　「國民政府外交部致憲兵司令 6170 號情報」（1945 年 11 月 24 日），〈澳門問
　　　　題等〉，《外交部檔案》，國史館，典藏號：020-042702-0015-0184、020-04270
　　　　2-0015-0185。

〔註45〕　「重慶外交部張謙致電葡萄牙政府外交部 569 號」（1945 年 11 月 25 日），〈澳
　　　　門問題等〉，《外交部檔案》，國史館，典藏號：020-042702-0015-0130、
　　　　020-042702-0015-0131。

　　葡萄牙駐廣州領事莫嘉度曾在 1938 年告誡澳督，不要以敵視和嫌棄態度對廣東政府，特別對我們心存疑慮，把我們視為日本的朋友，為日本提供方便。不管發生什麼事，都要和在澳門內外的中國人和諧相處。華南區不可能永遠被日本同化，即使被佔領也不會。〔註46〕

　　國民政府外交部向葡澳政府提出各方面指控：一、戰爭初期，以軍事所需，蓄意佔領澳門相鄰島嶼。二、戰爭期間，葡澳政府沒有實行「中立」實權，相反借「中立」之名，掩護日方在澳門各方行為。如梁彥明、林卓夫等人被暗殺，葡澳政府並沒有查明真相。破壞金融體制，宣佈西洋紙為統一貨幣，兌換銀元、雙毫，假借運送糧食為名，以「馬士弼」輪船運輸日方。葡澳政府雖有收容中葡難民，兩者待遇各不相同。中方難民終年每日只獲得一碗稀粥，餓死街頭無人問津。相反，派船接濟葡方難民，安排住處，穩定糧食物資。以各種藉口，強拉壯丁入難民營，實質為日方運往海南。〔註47〕三、戰爭結束，早取消所有不平等條約，葡人仍擅作威作福，凌辱中國難民（身份優越）。煙館、賭場林立，有損國家威嚴。宣佈一連三晚戒嚴，實質收繳日方在澳所有槍械物資。〔註48〕

三、內戰逆轉功虧一簣

　　中國當時正處於國共兩黨積不相能，內戰會隨時爆發，此時國民黨最需要國際間支持，英國在二戰中是中國同盟國，自然是重要的國家，與葡萄牙不能有太大衝突。南京政府以消滅共產黨為前提，收回澳門問題暫時解決。南京政府指派外交部長王世杰致電港督楊慕琦，感謝英國政府對中國局面的關心，澳督建議合情合理。〔註49〕接到國民政府的回覆，會採取和緩方法解決澳門問題，港督楊慕琦把消息轉告澳督戴思樂，並提醒：「中國人不收回澳門就是最大的勝利，其他暫可委屈求全，以後再計算。」〔註50〕澳督戴思樂派人到廣州向中國方面道歉，並表示會接受張發奎所提出的全部條件。葡萄

〔註46〕（葡）莫嘉度，《從廣州透視戰爭：葡萄牙駐廣州總領事莫嘉度關於中日戰爭的報告》，頁 70～71。

〔註47〕「駐廣東廣西專員致國民政府外交部」（1945 年），〈澳門問題等〉，《外交部檔案》，國史館，典藏號：020-042702-0015-0160、020-042702-0015-0161。

〔註48〕「駐廣東廣西專員致國民政府外交部」（1945 年），〈澳門問題等〉，《外交部檔案》，國史館，典藏號：020-042702-0015-0162、020-042702-0015-0163。

〔註49〕溫美平，《澳門歷史演義》（浙江：浙江人民出版社，1999 年 6 月），頁 292。

〔註50〕溫美平，《澳門歷史演義》，頁 292。

牙新駐廣州領事雅瑪紐（Maria Gracia），在廣州的記者招待會上發表：「澳門交還中國極有可能，爲求中國之完整性，本人極對此作各種之努力。」〔註51〕葡澳政府作出一系列措施，使局勢比較緩和。11 月 24 日，中國外交部仍本著一貫主張，認爲解決香港問題後再處理澳門問題。外交部長王世杰致電蔣介石，指現階段收回澳門時機尚未成熟，建議暫緩處理，如現用兵收復澳門，將失去國際間支持；葡萄牙與英國友好關係，英國可殖民香港，爲何葡萄牙不可殖民澳門，將以這事爲藉口。目前情形，接收敵方產業和引渡漢奸等問題，可暫由外交方式與葡澳政府交涉。〔註52〕12 月 1 日，蔣復電同意。〔註53〕

　　外交部長王世杰到廣州，向張發奎傳達國民政府的指示，20 日，王世杰表明國民政府立場：「對澳門政策，以目前內外政情尚未安定，認爲收回該地時機尚未成熟，對澳門所發生之事件，決定暫以外交方式向葡交涉，封鎖澳門現時似無必要。除經將上述意見節呈委座請示外。」〔註54〕22 日，蔣介石致電何應欽總司令通知張發奎，勿對澳門封鎖，葡澳政府有庇護漢奸、日軍、汪僞政府等事，必須交外交部交涉。28 日，廣州政府遵照國民政府下達指示，正式對澳門解封。一個多月封鎖，中葡雙方各有衝突，中國軍隊企圖收回澳門事件未能成功，中國軍民感到相當不滿。澳門解除武裝封鎖後，1946 年 1 月期間，派出少將參議潘奮南爲廣東行營駐澳聯絡專員，軍統局派出鄭仁波爲駐澳肅奸專員。劉紹武等人在 2 月 25 日以「宣慰同胞之名」〔註55〕，沒有通知葡澳政府，就率領武裝警察進入澳門，在邊界地區受到萬名澳門居民熱烈歡迎。在澳門各界招待會上，劉紹武等人重新向中國政府申請要收回澳門的意願：

> 澳門由於不平等條約之束縛，受治外人，同胞痛苦有如水深火熱，現在抗戰已經勝利，中國已成爲五強之一，所有不平等條約，必須廢除，中國領土必須完整，澳門迅速收回，方符合同胞之願望。
> 〔註56〕

〔註51〕 元邦建、袁桂秀，《澳門史略》，頁 196。
〔註52〕 「王世杰致蔣介石電 12 號」（1945 年 11 月 24 日），〈革命文獻──對英、印外交〉，《蔣中正總統文物》，國史館，典藏號：002-02040000049-014-001x。
〔註53〕 傅玉蘭，《抗日戰爭時期的澳門》，頁 86。
〔註54〕 陳錫豪，《抗日戰爭時期的澳門》，頁 87。
〔註55〕 吳志良，《澳門政治制度史》，頁 189。
〔註56〕 溫春來，《澳門傳奇》，頁 368。吳志良，《澳門政治制度史》，頁 189。

也有不少人士編印一些有關澳門主權糾紛及邊界問題的小冊子（廣東省中山縣等地區人民較雀躍），目的希望政府迅速收回澳門。封鎖解除，但收回澳門的呼聲仍未平息。全國再度掀起收回澳門的熱潮。4 月，葡澳警察發現國民黨的人透過五花八門的職業進入澳門，如中醫、理髮師，酒店職員，火柴公司職員等。葡澳政府不能把他們視爲非法，可能會危害到澳門與中國的關係。5月 21 日，西康省參議會向全國發表，要求趕快收回澳門。全國各省市的參議會都紛紛通過決議，或通電全國，提出收回澳門的方案。〔註 57〕實際上，國民政府正忙於處理國共兩黨之間和戰後的復原工作的問題，國內問題應優先處理，不宜用武力收回澳門。在外交上，願意選擇忍讓和妥協的手法，與帝國主義打交道。

國軍撤走後，葡萄牙意識到今天的中國今非昔比，要在澳門立足，加上澳門局勢緊張，必須與中國建立良好關係。葡澳政府怕中國政府再以香港、澳門煙賭嫖館林立爲依據，有損國譽，應要立即收回。澳督戴思樂向中國政府作出友好，在 1946 年 7 月 1 日，實行《禁煙條例》，採取嚴厲政策，當地鴉片煙館難以經營；禁止公開的娼妓活動；禁止在澳門三妻四妾、蓄婢的買賣；打擊澳門一帶走私活動。

第三節　葡澳政府引渡漢奸

一、引渡問題的發生

抗戰勝利後，國民政府派出多個單位官員到澳門，主要負責緝查日本戰犯和漢奸，接收日本人和汪精衛領導的南京僞政府附屬敵（日本）僞（汪精衛政權）產業。國民政府在抗戰期間在澳門設立很多機構，較爲重要的國民政府軍事委員會廣州行營駐澳門辦事處、敵僞產業接收專員辦事處等，中國國民黨港澳總支部澳門支部接收南灣街 101 號（僞政權所經營西南日報社址），作爲黨部。戰爭期間，由中山縣從事游擊活動的挺進第三大隊大隊長屈仁則負責，後改由李秉碩擔澳門支部主任委員，並且在澳門設立更多的分部。國民政府派到澳門的官員透過廣州政府對葡澳政府施壓，威迫交出藏身在澳門的日本人和漢奸，〔註 58〕並承諾國民政府可以在澳門設置機關、軍民可以

〔註 57〕 鄧開頌、余思偉、陸曉敏，《澳門滄桑》，頁 158。
〔註 58〕 「中山軍政當局 決心積極肅清奸匪」，《華僑報》（澳門版），1945 年 9 月 11 日。

自由進出澳門。葡澳政府必須協助國民政府，進行有關日本人和漢奸的追捕工作，漢奸在澳門拘捕後，必須返回中國接受審訊。9 月 6 日，國民駐澳門支部指出，在澳門日軍秘密將兵器、重型武器等毀滅或密埋在山洞、日常衣物加以焚毀、物品兵器曾交與匪徒偽裝當地民眾，在澳門資產秘密轉讓他人代為保管、日軍和廣東漢奸等在各地製造偽幣機關，目的擾亂國內金融市場，交通工具、輕型重工業機器等以廉價價格出售匪徒。〔註 59〕

　　國民政府要求葡澳政府引渡在中山、澳門一帶為首漢奸黃公傑「馬交之虎」〔註 60〕及其手下，（原中山縣國民政府游擊隊特務情報，1939 年 10 月，日軍佔領中山縣，成為日軍駐澳門情報機關倚重漢奸首領。）在戰事期間，他依仗汪偽政權勢力，武力鎮壓抗日份子、勒索富商。他曾派人暗殺國民黨駐澳門支部常委林卓夫、執委梁彥明、黨員鮑嘉琦等人，澳督兒子、澳門紅十字會會長羅德禮等人，激起在澳中、葡人士的不滿。1945 年，盟軍的加入，日軍勢力減弱，他暗中向國民黨投降，以求自保，最終被拒絕。10 月 6 日，黃公傑帶領其手下 200 餘人，在香港元朗地區，試圖向中共東江縱隊港九獨立大隊（東縱）投降，以求自保，被扣押審訊。葡澳政府要求交由葡澳政府公審，保證公審後，會歸還縱隊，特派人與東縱引渡黃公傑回澳門公審訊。19 日，中共廣東區委書記、東縱政委尹林平致電中共中央：

> 澳門葡政府聞訊，即由警察所來函，派人來要求我移交他公審，保證送回我處理。為著提高政治影響，打開外交關係，，我擬採納葡方要求，但其提出三項條件：（一）保證對他處決；（二）沒收全部財產歸我支配；（三）協助我方在澳公開募捐。惟王（黃）是一個漢奸，如此處理，在國家立場上與國際法手續是否適當。〔註 61〕

中山縣地下組織負責人阮洪川奉命到澳門，與葡澳政府交涉，訂立密秘協議。葡澳政府准許中共中央在澳門自由活動，並以西洋紙 20,000 元換取黃公傑，並加付 10,000 元換取黃公傑得力手下胡賓，一同押解回澳門公審。12 月，澳

〔註 59〕「芷江何應欽總司令 5179 報」（1945 年 9 月 6 日），〈勝利受降（四）〉，《總中正總統文物，國史館，典藏號：002-090105-00015-116-001a。

〔註 60〕華人不會「Macau」發音，似相近發音取代。

〔註 61〕《廣東革命歷史文件匯集 1941～1945》（甲種本，第 38 冊），1986 年 12 月發行，頁 533。轉引莫世祥，〈抗日時期的中葡交涉—蔣介石與國府高層處理澳門事項的內幕透視〉，《澳門研究》（83 期）（澳門：澳門基金會，2016 年 12 月 1 日），頁 102。

門各報紙刊登葡澳政府將會一個星期後，組織特別軍事法庭公審黃公傑。〔註62〕

　　廣州省政府主席羅卓英致電國民政府，葡澳政府從中共游擊隊換取黃公傑。20 日，蔣介石要求外交部長王世杰向葡萄牙政府交涉，要求將黃公傑押解回廣州公審：

> 黃公傑曾暗殺我中央要員多人。敵降服後，黃乘機逃出澳門，即被東江奸軍擄獲。經澳要求，葡政府向奸軍極力疏通放回，並願出葡幣一百萬元取贖，及准許便衣攜械之奸軍二十名在澳活動。葡政府於亥冬派警廳長探長莫拉士赴港，將黃公傑秘密運回澳門等情。查該黃公傑應作漢奸議處，仰即向葡政府交涉，解交廣州行營法辦。

國民政府要求將黃公傑押解回廣州公審，要清算黃公傑在澳殺害多少名國民黨要員，還可追查葡澳政府在太平洋戰爭與日軍勾結消息。正當國民政府與葡萄牙政府交涉過程，收到葡萄牙政府公文，指葡澳政府在 12 月 23 日凌晨 3 點槍殺黃公傑，在轉移囚禁地點時，黃公傑試圖逃跑而被槍斃，運送葡警害怕會傷及無辜。〔註63〕

　　張發奎知道黃公傑被殺消息，認為葡澳政府有意殺人滅口，致電國民政府外交部提出抗議：「葡方恐我引渡審訊，陰謀暴露，乃蓄計將黃逆殺害。葡方處決黃逆，係在我提出交涉引渡之後。如此處置，顯係故違國際公法，且渺視我國尊嚴。」〔註64〕要求葡澳政府引渡在澳門的黃公傑手下，查封黃公傑在澳門所有資產，交由國民政府處理。國民政府軍事委員會調查統計局分析葡澳政府做法，向蔣介石報告：

> 澳門警長莫拉士在深夜負責押解極度危險的案犯黃公傑，但他只用三名警衛，自己尾隨其後，且未攜帶武器；黃公傑也只鎖手銬，並未細綁，如此警衛疏虞，防範不周，有故意讓黃公傑逃走以開槍將其擊斃之嫌。黃公傑被擊斃後，澳門醫官絡比士·巴士度也在驗屍證明中寫道：吾等照此種傷口，可能證明為有意將其擊斃。〔註65〕

〔註62〕　「為虎作倀之黃公傑將公審」，《華僑報》（澳門版），1942 年 12 月 30 日。
〔註63〕　「葡萄牙政府外交部致國民政府外交部」（1945 年 12 月），〈澳門問題等〉，《外交部檔案》，國史館，典藏號：020-042702-0015-0182。
〔註64〕　「第二方軍司令部致電 155 號」中研院近代史研究所藏，外交部典藏號：11-EAP-05292。
〔註65〕　「國民政府致電 3133 號」中研院近代史研究所藏，外交部典藏號：11-EAP-05292。

國民政府軍事委員會調查統計局局長戴笠向蔣介石建議，向葡萄牙政府提出抗議，要求葡澳政府引渡在澳門黃公傑 7 名手下，以及羅鼎、鄧宋堯、甘志遠、凌達材、鄺達卿、余文興、鍾子光、傅德蔭、張文洞、鄭慶年等 10 多名漢奸。

二、引渡工作的延宕

抗戰勝利後，國民政府外交部屢次跟葡澳政府交涉，漢奸為戰爭罪犯須引渡回中國公審。〔註66〕1945 年 11 月，因交還戰犯問題，國民政府與葡澳政府關係再度緊張。13 日，張發奎致電駐澳門專員唐榴要求葡澳政府引渡華人 9 名，日人 13 名。澳督表示願意配合，但須提出合理證據和經外交途徑處理，以免發生意外。〔註67〕20 日，外交部部長派專員唐榴到澳門了解漢奸逃離問題：

> ……本月九日至十七日，廣東張長官羅主席派員來澳提出戰爭人犯，與澳督方面各執理由，堅持甚力職目觀情勢激切，因居中調解以免擴大，仰賴德信遠被兩方均已和平解決，近來港澳兩地當局往還甚為融洽，澳督亦願得向主席宋院長及鈞座致敬之機會，鈞座如有約澳督到渝面洽之意，現值張長官在渝三方聚首一堂一切似更便捷……〔註68〕

12 月 12 日，因針對澳門漢奸將資產變賣或轉移隱藏現象，國民黨駐澳專員向澳門居民重申，凡隱匿、收藏或冒名代替漢奸財產者，會處罰 5 年以下有期徒刑。13 日，國民政府外交部長王世杰到達廣州，指敵偽物資、日偽人員逃匿澳門，葡澳政府應付困難，要求各中央地方機關派員到澳門連絡駐澳專員唐榴，協助澳督確查逃匿澳門偽物資，引渡漢奸回中國審查。〔註 69〕14 日，國民政府外交部致電葡澳政府有指漢奸、日人裝扮肩夫、船夫乘坐葡萄牙籍「哥侖尼」輪船逃離澳門，〔註70〕澳督否認事實，葡萄牙籍輪船只會載

〔註66〕 「張謙致國民政府外交部 43 號」（1946 年 4 月 26 日），〈澳門引渡漢奸戰犯〉，《外交部檔案》，國史館，典藏號：020-042702-0010-0018。

〔註67〕 「張謙致葡萄牙政府外交部 61188」（1945 年 11 月 13 日），〈澳門問題等〉，《外交部檔案》，國史館，典藏號：020-042702-0015-0082。

〔註68〕 「駐澳專員唐榴致國民政府外交部 61462 號」（1945 年 11 月 22 日），〈澳門問題等〉，《外交部檔案》，國史館，典藏號：020-042702-0015-0114、020-042702-0015-0115。

〔註69〕 「張發奎致廣州政府 62572 號」（1945 年 12 月 13 日），〈澳門問題等〉，《外交部檔案》，國史館，典藏號：020-042702-0015-0151、020-042702-0015-0152。

〔註70〕 「駐澳專員唐榴致葡澳政府」（1945 年 12 月 14 日），〈澳門問題等〉，《外交部檔案》，國史館，典藏號：020-042702-0015-0225、020-042702-0015-0224。

葡人回國，中山縣長張惠長要求將來有中國人和日人乘坐葡萄牙籍輪船離開澳門，必定通知駐澳專員唐榴，〔註71〕離澳者必需得澳督允許。〔註72〕

16日下午4點30分，關閘葡陸軍菲兵營中尉賈伯樂等多名士兵步行在澳門鬧市，遇到國軍提出質問，雙方語言不通引起衝突，互相追打，中途有市民聲援國軍，有葡艦「亞布基」號水警經過，相助賈伯樂等人，葡澳警察干涉阻止。葡兵心有不甘，四處尋找國軍，遇到在陶陶居飯店門口的廣東省駐澳辦事處官員、159師477團上尉等人，雙方不分青紅皂白，拔槍對抗，事後有平民和國軍受傷入院。〔註73〕17日，澳督戴思樂致電中國外交專員唐榴表示歉意，並允諾懲處兇徒，負擔受傷軍民一切住院費用和財物損失，事件才結束。〔註74〕30日，國民政府外交部再次向澳督提出防止漢奸和日人乘坐葡萄牙藉輪船逃離澳門，澳督答應會委派人員到輪船檢查。駐澳門支部常委屈仁則、調查統計局駐澳專員許偉民與澳督會面，無論中國人和日本人欲乘坐輪船會徵求駐澳門專員同意，並請澳督查照本月7日葡萄牙籍輪船「屬地號」的船長和船員一案。〔註75〕

1946年1月14日，張發奎致電要修改、防止漢奸和其財產脫逃澳門的事項，必要時，可採取緊急措置：

> ……由審查委員會開列清單，交由外交部駐澳門專員，再審查提問澳門總督予以查封。澳門當局查封財產後，應開列清單交由外交部駐澳門專員轉呈外交部，呈報中央，規定統一接收辦法。敵偽匪類之引渡，應由有關機關，開列姓名，犯罪事實及擲交審判之機關，一面交由外交部駐澳門專員，……一面送外交部正式向葡方提請引渡。〔註76〕

2月，國民政府除了要求葡澳政府引渡在澳門漢奸外，還要引渡由廣州、

〔註71〕 「兩廣特派員郭德華致國民政府外交部」（1945年12月14日），〈澳門問題等〉，《外交部檔案》，國史館，典藏號：020-042702-0015-0178。

〔註72〕 「駐澳專員唐榴致國民政府外交部」（1945年12月8日），〈澳門問題等〉，《外交部檔案》，國史館，典藏號：020-042702-0015-0157。

〔註73〕 「駐澳專員唐榴致國民政府外交部」（1945年12月16日），〈澳門問題等〉，《外交部檔案》，國史館，典藏號：020-042702-0015-0216。

〔註74〕 傅玉蘭，《抗日戰爭時期的澳門》，頁88。

〔註75〕 「駐澳專員唐榴致國民政府外交部15號」（1945年12月30日）〈澳門問題等〉，《外交部檔案，國史館，典藏號：020-042702-0015-0221。

〔註76〕 「駐廣東廣西專員致國民政府外交部」（1946年1月14日），〈澳門問題等〉，《外交部檔案》，國史館，典藏號：020-042702-0015-0198、020-042702-0015-0199。

中山地逃離到澳門漢奸，人數眾多，在澳門並沒有犯罪記錄，葡澳政府難以拘捕。〔註77〕3月9日，軍事委員廣州行營肅奸委員會主任張發奎向葡澳政府交涉，逮捕引渡漢奸32人、日本戰犯4人。〔註78〕

表4-3-1　在澳逮捕引渡漢奸逆戰犯名單

姓名	性別	年齡	籍貫	備考
戴揚武	男	40歲	茂名	
鍾端輝	男	45歲	陽江	
何挺（定）	男	48歲	新會	又名湘亭綽號何大哥
胡飛	男	38歲	新會	
陳雲澄	男	38歲	南海	
胡斌	男	35歲	台山	
黃強	男	35歲	新會	
李桂	男	36歲	羅定	
許覺明	男	36歲	南海	
湯禮	男	19歲	新會	
吳江	男	32歲	新會	
譚榮	男	27歲	新會	
林華	男	20歲	中山	
曾金	男	39歲	惠州	
鍾標	男	1888年生	中山	
梁德容	男	1908年生	中山	
吳盛武	男	50歲	中山	又名發
王志強	男	28歲	廣州	
張華隆	男	44歲	澳門	
林鵬志	男	49歲	白蕉	
劉星池	男	1916年生	新會	
徐偉卿	男	1893年生	香港	
薩芸（佐島中夫）				
宗像輝治				

〔註77〕「國民政府外交部致駐廣東廣西專員」（1946年2月4日），〈澳門問題等〉，《外交部檔案》，國史館，典藏號：020-042702-0015-0259。
〔註78〕「駐廣東廣西專員致國民政府外交部」（1946年7月13日），〈澳門引渡漢奸戰犯〉，《外交部檔案》，國史館，典藏號：020-042702-0010-0082。

中島岳良				
陳波仔	男	1922 年生	番陽	又名聯貴渾名避風塘老鼠精
李光業	男	1889 年生	惠陽	
謝業龍	男	1914 年生	台灣	
陳丹培	男	1901 年生	台灣	
林清輝	女		日籍	
鮑美梅	女	1918 年生	中山	
吳秀石	男	1909 年生	新會	
吳公俠	男			又名高老師
林木	男	1911 年生	中山	渾名大椂木
張恒豐	男	1922 年生	瓊州	
陳燦波	男	1918 年生	台灣	

資料來源：在澳逮捕引渡漢奸逆戰犯名單」,〈澳門引渡漢奸戰犯〉,《外交檔案》,國
　　　　史館,典藏號：020-042702-0010-0083 和 020-042702-0010-0084。

　　17 日,國民政府外交部致電葡萄牙駐廣州領事轉請葡澳政府引渡周崎幹案件,應依照法定手續和規定在 15 日內引渡回中國公審。〔註79〕4 月 20 日,國民黨駐澳專員唐榴收到葡澳政府交來轉送到廣州張發奎將軍要求在澳門逮捕漢奸,驗查各犯身體完整,沒被毆打痕跡,共 14 名,大多數都是黃公傑手下。

表 4-3-2　在澳門拘捕漢奸需引渡回中國受審

戴楊武 Tai long Mou	胡芸 Wu Fei
鐘端輝 Chong Tun Fei	曾云正（陳云澄）Chang Wan Cheng
譚榮 Tam Weng	胡斌 Wu Pang
何（定）撻 Ho Teng	黃強 Wong Kueng
吳江 Ung kong	李桂 Lei Kuai
林華 LamWa	許覺明 Hu Keong Beng
曾金 Chang Kam	Tong Lai

資料來源：葡澳政府轉交駐澳門專員唐榴在澳門拘捕漢奸名單」(1945 年 4 月 20 日),
　　　　〈澳門引渡漢奸戰犯〉,《外交檔案》,國史館,典藏號：020-042702-0010-
　　　　0081。

〔註79〕「駐廣東廣西專員致國民政府外交部」(1946 年 6 月 15 日),〈澳門引渡漢奸
　　　　戰犯〉,《外交部檔案》,國史館,典藏號：020-042702-0010-0072。

引渡工作交由軍事委員廣州行營肅奸委員會駐澳門拘捕漢奸專員鄭仁波，經由中山石岐回，再交由省法院公審。〔註80〕

　　在 1945 年 11 月，葡澳政府應日本駐領事的要求，向港英政府要求將十多名澳門日本人經香港送回日本，包括領事館的職員和家屬。港英政府表明立場，因為國民政府並要求引渡日本戰犯，不應送來香港。港英政府致警隊的信件：「……自從中國當局在移交我們所通緝日本戰犯事宜上給予協助，我們應否在這些日本人遣返前，將名單給予中國，看看其中是否有他們要的人在。」〔註81〕1946 年，經外交把日本的名單交給中國政府的外交專員，日本駐澳門領事向港英政府，希望移交日本人有較好的待遇。經調查後，有兩名分別是日本海特殊任務（情報）部門成員和隸屬日軍在澳門的情報員，葡澳政府指出其中一名是港英政府的通緝犯。6 月 3 日，張發奎致電港督楊慕琦，要求移交經香港遣返回的 2 名日本人大間和林藏，兩人以企業家的身份在澳門，專門刺探中國和盟軍情報，為日軍提供物資。同時，請葡澳政府查封他們在澳門的資產。港英政府因為葡澳政府是「中立」，透過中立國把澳門的日本檔案移交盟軍。

〔註80〕 「廣東特派員致國民政府外交部 60 號」（1946 年 4 月 3 日），〈澳門引渡漢奸戰犯〉，《外交部檔案》，國史館，典藏號：020-042702-0010-0080。

〔註81〕 張琹，〈何賢一舉成名解決鈔票〉，《澳門雜誌》（107 期）（澳門：澳門特別行政區新聞局，2015 年 9 月），頁 36～37。

第五章　結　論

　　葡萄牙政府為了自身權益，宣佈「葡萄牙為中日世代的朋友」。1937 年，戰爭開始，葡萄牙政府再次強調徹底保持「中立」，澳門是葡萄牙海外的殖民地，在法律上是受到保護，免受戰爭炮火的洗禮，在戰爭中成為一座「孤島」。葡萄牙政府和葡澳政府為了生存，以「中立」名義遊走在法西斯和反法西斯灰色地帶。以葡萄牙政府借亞速爾群島給英美兩國一事，日德兩國譴責葡方應嚴守中立立場，不可幫助同盟國攻打軸心國，葡方解釋，葡萄牙與英國是友好關係，借島只是暫時性，是兩國之間協定。實質，葡方想借英美之手，防止日軍在歐洲戰場強大，不滿日軍較早之前佔領葡萄牙殖民地帝汶島，日方沒有尊重葡方中立立場。

　　葡澳政府會因內外不同政治局面，而產生錯綜復雜的關係。其中最主要的三個國家和四個關係，分別是：中國、葡萄牙、日本、港英政府。戰爭的初期，中日戰場在中國華北地區，澳門沒有受到正面的威脅。不過，在過去中葡兩國因中葡界線經常發生衝突，葡澳政府會透過葡萄牙政府優先處理國民政府的外交問題。同時兩者經常處於曖昧，澳門沒有足夠兵力與中方抗爭，加上生活所需一直依靠中國華南地區。葡萄牙政府為了穩固在澳門主權，一直與葡萄牙駐廣州領事莫嘉度瞭解戰局形勢，要求葡萄牙政府和葡澳政府以「中立」名義「自保」，勿與日方發生衝突。

　　日軍南下，先後佔領華北、華中、華南地區，主要港口和城中幾乎被日軍所控制。澳門鄰近地區相繼淪陷，日方肆意橫行，澳門局勢更為嚴峻。隨著局勢改變，葡澳政府採用不同的態度。日軍在戰場上節節勝利，不顧葡決政府「中立」，不尊重國際法，日軍在澳門上空盤漩偵察，在澳門附近地區集

結，封鎖港口，糧食運輸受到日軍嚴密監管，澳門是無法自給自足的。葡澳政府一方面要面對日方的壓力，另一方怕觸怒中方。以佔領橫琴島一事，日本扶值汪偽政府，接手日軍在灣仔一帶控制權，灣仔東面有葡兵駐守，要求葡兵撤離，葡方拒絕。日軍佔領珠海，控制一帶水域，導致澳門出現糧食短缺。葡澳政府為求自保，對日本妥協，並多次派人與日方示好，簽訂秘密協議，協議中以金錢換取日軍退出橫琴島以及承認汪偽政。中方譴責葡方與日方勾結，中方擔心葡澳有親日傾向，積極加以反制。對此，葡方向中方解釋：以澳門安全為由，暫時性的派兵駐守，並沒有擴大中葡邊界的行為。但事實上，葡方實質爭取日軍支持，乘戰亂侵佔中國領土，擴大中葡邊界。同時，葡方向日方保障，以「中立」名義，拒絕國軍在澳門附近地區和海域設防。

澳門作為南方唯一個避難所「東亞防空壕」，大批難民紛紛從香港和廣州不斷湧入，令澳門人口驟增。日軍封鎖中國沿海港口，企圖阻止物資和軍火接濟中國大陸，對內外貿易中斷，物資和糧食嚴重短缺，居民生活貧苦。葡澳政府以「中立」身份救濟難民，允許不同國籍人士進入，日方利用澳門的「中立」，成為英美兩國、國民政府情報收集中心。如佔領澳門，日方可能與葡萄牙斷交，失去收集軸心國德國或義大利的情報，或是同盟國美國或英國的情報。實際上，澳門完全被日本控制，日軍、特務、漢奸成為當地「太上皇」，經常全部武裝在澳門自由進出，葡警不敢開槍反抗。同時，要求葡澳政府協助拘捕在澳門的抗日份子，利用澳門新聞媒體宣揚「大東亞共榮圈」，協助日軍在澳門採購燃料和軍事所需。日本駐澳門領事福井保光和朝比奈在澳門被殺，日方譴責葡澳政府，並致電葡萄牙政府要求賠償，和全力緝拿兇手。同樣，漢奸被殺，日方都會要求葡方全面緝拿兇手。日本勢力強大，葡澳政府只好對日本和漢奸種種行徑百般忍讓。

國共兩黨合作抗日，在戰爭期間，國民政府和偽政權內部的主要的政治力量都會在澳門伸展其影響，或以澳門為其政治活動及軍事鬥爭的籌備與運作基地、視澳門為其躲避政治追緝的避難所、組織物品資源供應的管道〔註1〕。對葡澳政府來說，很難避免在不同時期面對不同的中國政府，同時要處理在澳門活動的中國內部不同的政治力量。在戰爭爆發前，葡澳政府對南京國民政府僑務等機構以及國民黨在澳門的存活及活動，持承認和默許的態

〔註 1〕吳志良、婁勝華、何偉傑，《中華民國專題史（18）——革命、戰爭與澳門》，南京大學出版社，2015 年 3 月，頁 258。

度。隨著戰爭爆發，葡澳政府的態度開始出現不同的變化。前者，葡澳政府多半以正式外交作處理，後者，以非正式的內部監控與治安管理。

葡澳政府「中立」並沒有始終如一，會因局勢變化而有所改變。在中日戰爭初期，葡澳政府可算是「中立」，較偏向中國。隨著日軍南下，廣州、香港相繼淪陷，葡澳政府在日軍的威脅下，出於自保和擔憂澳門處理，與中國劃上清界線，沒有執行「中立」政策，與日本秘密簽訂條約，允許日本在澳門設立領事館，應日本的要求，嚴禁、限制和打壓在澳門境內的抗日活動，縱容和包庇在澳門的汪偽政府的漢奸。

澳門局勢動蕩，物價高漲和各種社會資料缺乏，部分居民為了生存，曾出現人吃人的悲劇。貧苦居民正處於饑寒交迫時，漢奸、特務視澳門為可銷金的金融市場，他們攜帶巨額的黃金、白銀和外幣湧入澳門，使當地賭場、煙館和妓院林立，形成「朱門酒肉臭，路有凍死骨」的鮮明對比。葡澳政府和民間團體不遺餘力救濟難民，日耗多金，並非長久之計，為了紓緩澳門承受的壓力，葡澳政府和民間團體成立「澳僑協助難民回鄉委員會」，資助難民回鄉。

隨著英美盟軍的加入，日方在中國戰區節節敗退，華南地區的中山游擊隊和國民軍隊日漸強大，葡澳政府一直被治安問題困擾，澳門外圍有漢奸、偽軍、土匪等經常在澳門作案，事後就逃回外圍，葡澳員警不可越境搜捕他們。葡澳政府軍事力量單薄，難以用武力控制全域，試圖取得義勇大隊的幫助。同時葡澳政府害怕戰爭結束後，國民政府要求收回澳門主權問題，因此積極與國民政府示好，與日方劃清界線。

日本投降，葡澳政府態度有所改變，國共兩黨分道揚鑣，葡澳政府恢復對國共兩黨友好的態度。中國是戰勝國，國際地位提高，有權收回被帝國主義所佔領的地方。英國恢復對香港的統治，中國民眾認為在這個形勢下，是收回香港和澳門最好的時機。蔣介石宣佈不會用武力佔領香港，會以外交途徑解決。英國是戰勝國之一，與美國友好，國民黨最需要國際間的支援。蔣介石未有提出收回澳門，廣州當局認為葡萄牙政府長期居留澳門，表示強烈抗議，應馬上收回澳門，掀起收回澳門的熱潮。葡澳政府十分緊張，害怕國軍進入澳門，封鎖前山一帶和戒嚴。廣州當局向葡澳政府指出，仍有日軍和漢奸在澳門匿藏，國民軍隊必須自由進出澳門拘捕。如國軍進入澳門，會有損葡萄牙在澳門主權，拒絕廣州當局要求。廣州當局不滿，派兵封鎖前山一

帶，切斷華南地區對澳門供應。葡澳政府知道事態嚴重，央求港督出兵防守澳門，並透過港英政府向國民政府請求。

葡澳政府與港英政府的關係十分密切，澳門與香港分別是葡萄牙和香港的殖民地，兩者政治地位是相等，地緣相近。在處理中國外交方面，涉及兩者利益是互相支持或競爭。港督擔心收回澳門，會危及香港利益，建議國民政府要慎重處理澳門問題。如：戰爭剛結束，對澳門採取武力，恐引發中國與葡萄牙之間的矛盾。國民政府以消除共產黨為前提，認為收回澳門時機尚未成熟，並解除對澳門封鎖。葡澳政府意識到此時中國今非昔比，要加強對澳門主權，就必須與中國建立良好關係，允許國民政府在澳門設立外交和僑務機構，並且葡澳政府會保護人員安全，組織可以在澳門境內公開活動，不會受到任何的干涉，軍民可自由進出澳門。葡澳政府協助國民政府和廣州當局，進行有關日本人和漢奸在澳門拘捕工作，引渡漢奸回中國受審。

總結以論，葡萄牙政府和葡澳政府會依據不同時期，作出不同的調整。可算是出於「自保」，那方佔有優勢，而作出「隨風倒」行為。

徵引書目

一、檔案

（一）國史館藏

1、國民政府檔案

典藏號：001-035130-0006，〈保護僑民請獎〉。

2、蔣中正總統文物

1. 典藏號：002-020400-0049-014-001x，〈革命文獻-對英、印外交〉。
2. 典藏號：002-080200-00489-019，〈一般資料（62）〉。
3. 典藏號：002-080200-00489-019-002x，〈一般資料（62）〉。
4. 典藏號：002-080200-00490-009-005x，〈一般資料（63）〉。
5. 典藏號：002-080200-00490-009-006x，〈一般資料（63）〉。
6. 典藏號：002-080200-00501-169-001x，〈一般資料（74）〉。
7. 典藏號：002-080200-00508-069-001x，〈一般資料（81）〉。
8. 典藏號：002-080200-0512-036，〈一般資料（85）〉。
9. 典藏號：002-0800200-00518-077-001x，〈一般資料（91）〉。
10. 典藏號：002-080200-0520-008，〈一般資料（93）〉。
11. 典藏號：002-080200-00520-010，〈一般資料（93）〉。
12. 典藏號：002-080200-00521-146-008，〈一般資料（94）〉。
13. 典藏號：002-080200-00521-146-009，〈一般資料（94）〉。
14. 典藏號：002-080200-00522-146-001x，〈一般資料（95）〉。
15. 典藏號：002-080200-00522-146-002x，〈一般資料（95）〉。

16. 典藏號：002-080200-00523-084-001x，〈一般資料（96）〉。
17. 典藏號：002-080200-00528-020，〈一般資料（101）〉。
18. 典藏號：002-080200-00528-020-005x〈一般資料（101）〉。
19. 典藏號：002-080200-00528-020-006x，〈一般資料（101）〉。
20. 典藏號：002-080200-00528-025-001x〈一般資料（101）〉
21. 典藏號：002-080200-00530-030-001x，〈一般資料（103）〉。
22. 典藏號：002-080200-00530-077-001x，〈一般資料（103）〉。
23. 典藏號：002-080200-00531-021，〈一般資料（104）〉。
24. 典藏號：002-080200-00531-022-001x，〈一般資料（104）〉。
25. 典藏號：002-080200-00531-029-002x，〈一般資料（104）〉。
26. 典藏號：002-080200-00531-069-001x，〈一般資料（104）〉。
27. 典藏號：002-080200-00531-071-002x，〈一般資料（104）〉。
28. 典藏號：002-080200-00531-080-001x，〈一般資料（104）〉。
29. 典藏號：002-080200-00531-083-002x，〈一般資料（104）〉。
30. 典藏號：002-080200-00531-104-001x，〈一般資料（104）〉。
31. 典藏號：002-080200-00532-030，〈一般資料（105）〉。
32. 典藏號：002-090105-00012-206-001a，〈勝利受降（1）〉。
33. 典藏號：002-090105-00015-091，〈勝利受降（4）〉。
34. 典藏號：002-090105-00015-116，〈勝利受降（4）〉。
35. 典藏號：002-090105-00015-116-001a，〈勝利受降（4）〉。
36. 典藏號：002-090106-00017-09，〈領袖指示（17）〉。
37. 典藏號：002-090106-00017-098，〈領袖指示（17）〉。
38. 典藏號：002-090200-00058-242-002a，〈8 年血債（34）〉。
39. 典藏號：002-090300-00224-427-001a，〈增編（9）〉。

3、外交檔案

1. 典藏號：020-042702-0001-0004，〈吳百煖等在澳門被拘案等〉。
2. 典藏號：020-042702-0001-0022，〈吳百煖等在澳門被拘案等〉。
3. 典藏號：020-042702-0001-0023，〈吳百煖等在澳門被拘案等〉。
4. 典藏號：020-042702-0001-0024，〈吳百煖等在澳門被拘案等〉。
5. 典藏號：020-042702-0001-0024，〈吳百煖等在澳門被拘案等〉。
6. 典藏號：020-042702-0001-0049，〈吳百煖等在澳門被拘案等〉。
7. 典藏號：020-042702-0001-0050，〈吳百煖等在澳門被拘案等〉。

8. 典藏號：020-042702-0001-0059，〈吳百熜等在澳門被拘案等〉。

9. 典藏號：020-042702-0001-0060，〈吳百熜等在澳門被拘案等〉。

10. 典藏號：020-042702-0001-0067，〈吳百熜等在澳門被拘案等〉。

11. 典藏號：020-042702-0001-0068，〈吳百熜等在澳門被拘案等〉。

12. 典藏號：020-042702-0001-0069，〈吳百熜等在澳門被拘案等〉。

13. 典藏號：020-042702-0001-0070，〈吳百熜等在澳門被拘案等〉。

14. 典藏號：020-042702-0002-0070，〈呂逆春榮企圖擾粵與敵恫嚇澳門當局〉。

15. 典藏號：020-042702-0002-0071，〈呂逆春榮企圖擾粵與敵恫嚇澳門當局〉。

16. 典藏號：020-042702-0002-0074，〈呂逆春榮企圖擾粵與敵恫嚇澳門當局〉。

17. 典藏號：020-042702-0002-0075，〈呂逆春榮企圖擾粵與敵恫嚇澳門當局〉。

18. 典藏號：020-042702-0010-0018，〈澳門引渡漢奸戰犯〉。

19. 典藏號：020-042702-0010-0072，〈澳門引渡漢奸戰犯〉。

20. 典藏號：020-042702-0010-0080，〈澳門引渡漢奸戰犯〉。

21. 典藏號：020-042702-0010-0081，〈澳門引渡漢奸戰犯〉。

22. 典藏號：020-042702-0010-0082，〈澳門引渡漢奸戰犯〉。

23. 典藏號：020-042702-0010-0083，〈澳門引渡漢奸戰犯〉。

24. 典藏號：020-042702-0010-0084，〈澳門引渡漢奸戰犯〉。

25. 典藏號：020-042702-0015-0016，〈澳門問題等〉。

26. 典藏號：020-042702-0015-0019，〈澳門問題等〉。

27. 典藏號：020-042702-0015-0020，〈澳門問題等〉。

28. 典藏號：020-042702-0015-0033，〈澳門問題等〉。

29. 典藏號：020-042702-0015-0034，〈澳門問題等〉。

30. 典藏號：020-042702-0015-0035，〈澳門問題等〉。

31. 典藏號：020-042702-0015-0042，〈澳門問題等〉。

32. 典藏號：020-042702-0015-0050，〈澳門問題等〉。

33. 典藏號：020-042702-0015-0082，〈澳門問題等〉。

34. 典藏號：020-042702-0015-0114，〈澳門問題等〉。

35. 典藏號：020-042702-0015-0115，〈澳門問題等〉。

36. 典藏號：020-042702-0015-0130，〈澳門問題等〉

37. 典藏號：020-042702-0015-0131，〈澳門問題等〉
38. 典藏號：020-042702-0015-0136，〈澳門問題等〉。
39. 典藏號：020-042702-0015-0143，〈澳門問題等〉。
40. 典藏號：020-042702-0015-0151，〈澳門問題等〉。
41. 典藏號：020-042702-0015-0152，〈澳門問題等〉。
42. 典藏號：020-042702-0015-0157，〈澳門問題等〉。
43. 典藏號：020-042702-0015-0160，〈澳門問題等〉。
44. 典藏號：020-042702-0015-0161，〈澳門問題等〉。
45. 典藏號：020-042702-0015-0162，〈澳門問題等〉。
46. 典藏號：020-042702-0015-0163，〈澳門問題等〉。
47. 典藏號：020-042702-0015-0178，〈澳門問題等〉。
48. 典藏號：020-042702-0015-0182，〈澳門問題等〉
49. 典藏號：020-042702-0015-0184，〈澳門問題等〉。
50. 典藏號：020-042702-0015-0185，〈澳門問題等〉。
51. 典藏號：020-042702-0015-0198，〈澳門問題等〉。
52. 典藏號：020-042702-0015-0199，〈澳門問題等〉。
53. 典藏號：020-042702-0015-0216，〈澳門問題等〉。
54. 典藏號：020-042702-0015-0224，〈澳門問題等〉。
55. 典藏號：020-042702-0015-0225，〈澳門問題等〉。
56. 典藏號：020-042702-0015-0259，〈澳門問題等〉。
57. 典藏號：020-042702-0017-0007，〈敵圖監視澳門〉。
58. 典藏號：020-042702-0017-0008，〈敵圖監視澳門〉。
59. 典藏號：020-042702-0017-0009，〈敵圖監視澳門〉。
60. 典藏號：020-042702-0017-0015，〈敵圖監視澳門〉。
61. 典藏號：020-042702-0017-0016，〈敵圖監視澳門〉。
62. 典藏號：020-042702-0017-0017，〈敵圖監視澳門〉。
63. 典藏號：020-042702-0017-0018，〈敵圖監視澳門〉。
64. 典藏號：020-042702-0017-0019，〈敵圖監視澳門〉。
65. 典藏號：020-042702-0017-0026，〈敵圖監視澳門〉。
66. 典藏號：020-042702-0017-0032，〈敵圖監視澳門〉。
67. 典藏號：020-042702-0017-0033，〈敵圖監視澳門〉
68. 典藏號：020-042702-0017-0037，〈敵圖監視澳門〉。

69. 典藏號：020-042702-0017-0038，〈敵圖監視澳門〉。

70. 典藏號：020-042702-0017-0040，〈敵圖監視澳門〉。

71. 典藏號：020-042702-0017-0044，〈敵圖監視澳門〉。

72. 典藏號：020-042702-0017-0059，〈敵圖監視澳門〉。

73. 典藏號：020-042702-0017-0060，〈敵圖監視澳門〉。

74. 典藏號：020-042702-0018-0006，〈澳門當局擬派葡警阻日軍及中澳衝突〉。

75. 典藏號：020-042702-0018-0007，〈澳門當局擬派葡警阻日軍及中澳衝突〉。

76. 典藏號：020-042702-0018-0009，〈澳門當局擬派葡警阻日軍及中澳衝突〉。

77. 典藏號：020-042702-0018-0011，〈澳門當局擬派葡警阻日軍及中澳衝突〉。

78. 典藏號：020-042702-0018-0012，〈澳門當局擬派葡警阻日軍及中澳衝突〉。

79. 典藏號：020-042702-0018-0013，〈澳門當局擬派葡警阻日軍及中澳衝突〉。

80. 典藏號：020-042702-0018-0014，〈澳門當局擬派葡警阻日軍及中澳衝突〉。

81. 典藏號：020-042702-0018-0015，〈澳門當局擬派葡警阻日軍及中澳衝突〉。

82. 典藏號：020-042702-0018-0018，〈澳門當局擬派葡警阻日軍及中澳衝突〉。

83. 典藏號：020-042702-0018-0019，〈澳門當局擬派葡警阻日軍及中澳衝突〉。

84. 典藏號：020-042702-0018-0020，〈澳門當局擬派葡警阻日軍及中澳衝突〉。

85. 典藏號：020-042702-0018-0022，〈澳門當局擬派葡警阻日軍及中澳衝突〉。

86. 典藏號：020-042702-0018-0024，〈澳門當局擬派葡警阻日軍及中澳衝突〉。

87. 典藏號：020-042702-0018-0025，〈澳門當局擬派葡警阻日軍及中澳衝突〉。

88. 典藏號：020-042702-0018-0026，〈澳門當局擬派葡警阻日軍及中澳衝突〉。

89. 典藏號：020-042702-0018-0028，〈澳門當局擬派葡警阻日軍及中澳衝突〉。

90. 典藏號：020-042702-0018-0033，〈澳門當局擬派葡警阻日軍及中澳衝突〉。

91. 典藏號：020-042702-0018-0034，〈澳門當局擬派葡警阻日軍及中澳衝突〉。

92. 典藏號：020-042702-0018-0045，〈澳門當局擬派葡警阻日軍及中澳衝突〉。

93. 典藏號：020-042702-0018-0046，〈澳門當局擬派葡警阻日軍及中澳衝突〉。

94. 典藏號：020-042702-0018-0048，〈澳門當局擬派葡警阻日軍及中澳衝突〉。

95. 典藏號：020-042702-0018-0049，〈澳門當局擬派葡警阻日軍及中澳衝突〉。

96. 典藏號：020-042702-0018-0050，〈澳門當局擬派葡警阻日軍及中澳衝突〉。

97. 典藏號：020-042702-0018-0051，〈澳門當局擬派葡警阻日軍及中澳衝突〉。

98. 典藏號：020-042702-0018-0052，〈澳門當局擬派葡警阻日軍及中澳衝突〉。

99. 典藏號：020-042702-0018-0054，〈澳門當局擬派葡警阻日軍及中澳衝突〉。

100. 典藏號：020-042702-0018-0055，〈澳門當局擬派葡警阻日軍及中澳衝突〉。

101. 典藏號：020-042702-0018-0056，〈澳門當局擬派葡警阻日軍及中澳衝突〉。

102. 典藏號：020-042702-0018-0057，〈澳門當局擬派葡警阻日軍及中澳衝突〉。

103. 典藏號：020-042702-0018-0058，〈澳門當局擬派葡警阻日軍及中澳衝突〉。

104. 典藏號：020-042702-0018-0068，〈澳門當局擬派葡警阻日軍及中澳衝突〉。

105. 典藏號：020-042702-0018-0069，〈澳門當局擬派葡警阻日軍及中澳衝突〉。

106. 典藏號：020-042702-0018-0088，〈澳門當局擬派葡警阻日軍及中澳衝突〉。

107. 典藏號：020-042702-0018-0089，〈澳門當局擬派葡警阻日軍及中澳衝突〉。

108. 典藏號：020-042702-0018-0090，〈澳門當局擬派葡警阻日軍及中澳衝突〉。

109. 典藏號：020-042702-0018-0092，〈澳門當局擬派葡警阻日軍及中澳衝突〉。

110. 典藏號：020-042702-0018-0101，〈澳門當局擬派葡警阻日軍及中澳衝突〉。

111. 典藏號：020-042702-0018-0102，〈澳門當局擬派葡警阻日軍及中澳衝突〉。

112. 典藏號：020-049910-002-0006，〈處理中立國葡僑問題〉。

113. 典藏號：020-049910-002-0007，〈處理中立國葡僑問題〉。

114. 典藏號：020-049910-002-0010，〈處理中立國葡僑問題〉。

4、中研院近代史研究

典藏號：11-EUR-03863。〈外交部檔案〉

二、已出版史料

1. （葡）莫嘉度，《從廣州透視戰爭：葡萄牙駐廣州總領事莫嘉度關於中日戰爭的報告》，上海：上海社會科學院出版社，2000 年 11 月。

2. （葡）日諒 Dias，《上海葡裔難民在澳門 1937～1964》，澳門：澳門特別行政區政府文化局，2015 年 6 月。

3. 中國社會科學院近史研究所，《中葡關係史資料集》，四川：四川人民出版社，1999 年 12 月。

4. 周美華，《蔣中正總統檔案——事略稿本》（70），臺北：國史館，2012 年 10 月。

5. 馮翠、夏泉，《澳門抗日戰爭研究廣州地區中文資料初編》，廣州：廣東人民出版社。

6. 黃鴻劍，《中葡澳門交涉史料》（第二輯），澳門：澳門基金會，1998 年 5 月。

7. 黃慶華，《中葡關係史（1513～1999）》下冊，安徽：黃山書社，2006 年 3 月。

8. 葉惠芬，《蔣中正總統檔案——事略稿本》（46），臺北：國史館，2010 年 7 月。

三、專著

1. 中央研究院近代史研究所，《周雍能先生訪問記錄》，臺北：中央研究院近代史研究所，1984 年 6 月。

2. 中共廣東省委黨史研究室，《澳門歸程》，廣州：廣東人民出版社，1999 年 10 月。

3. 元邦建、袁桂秀，《澳門史略》，香港：中流出版社有限公司，1988 年 7 月。

4. 方言，《澳門問題始末》，香港：新華書店，1997 年 10 月。

5. 丘岭、陳言，《澳門風雲錄》（上卷），廣州：廣東旅遊出版社，1998 年 9 月。

6. 王俊彦，《澳門的故事》，香港：世界知識出版社，1999 年 1 月。

7. 左雙文，《華南抗戰史稿》，廣州：廣東高等教育出版社，2004 年 12 月。

8. 何翼雲、黎子雲，《澳門遊覽指南》，澳門：澳門文新印務公司，1939 年。

9. 李福麟，《澳門四個半世紀》，澳門：澳門松山學會出版社，1995 年 11 月。

10. 李福麟，《澳門風雲史話——一位新聞工作者的記詳》，廣州：中央通報社，2002 年。

11. 吳志良，《東西交匯看澳門》，遼寧：遼寧教育出版社，1999 年 12 月。

12. 吳志良、湯開建，金國平，《澳門史新編》（1），澳門：澳門基金會，2008 年 11 月。

13. 吳志良、湯開建，金國平，《澳門編年史——第 5 卷》，廣東：廣東人民出版社，2009 年 12 月。

14. 吳志良、黃鴻劍、鄧開頌、陸敏，《澳門歷史新說》，中國：花山文藝出版社，2000。

15. 吳志良，《澳門政治制度史》，廣州：廣州人民出版社，2010 年 1 月。

16. 吳志良、林發欽、何志輝《澳門人文社會科學研究文選 歷史卷（含法制史）》（中卷），上海：社會科學文獻出版社，2010 年 8 月。

17. 吳志良、婁勝華、何偉傑，《中華民國專題史（18）——革命、戰爭與澳門》，南京：南京大學出版社，2015 年 3 月。

18. 亞洲電視新聞部資訊科，《解密五百年澳門》，香港：明報出版社，2009 年 12 月。

19. 金國平、吳志良《鏡海飄渺》，澳門：澳門成人教育學會，2001 年。

20. 林發欽，江淳，《平民聲音：澳門與抗日戰爭口述歷史》，廣州：廣東教育出版社，2015。

21. 林發欽，王熹，《孤島影像：澳門與抗日戰爭圖志》，廣州：廣東教育出版社，2015。

22. 武國友、李容等《全民族抗日戰爭 1937～1945 年》，北京：北京人民出版社，2011 年 6 月。

23. 麥潔玲，《說吧，澳門》，香港：牛律大學，1999 年。

24. 查燦長，《轉型、變項與傳播：澳門早期現代研究（鴉片戰爭至 1945 年）》，廣州：廣東人民出版社，2006 年 1 月。

25. 紀念七七抗戰六十週年學術研討會籌備委員會，《紀念七七抗戰六十週年學術研討會論文集》（下集），台北：國史館，1997 年。

26. 陳大白，《天明齋文集》，澳門：澳門歷史學會，1995 年 8 月。

27. 陳東林，《澳門旋風》，上海：上海世界圖書出版，1998 年 12 月。

28. 陳樹榮，《冼玉清與澳門》，澳門：君亮堂出版，2013 年 8 月。

29. 徐彬，《話說澳門》，吉林：吉林攝影出版社，1998 年 9 月。

30. 華僑志編纂委員會，《華僑志——澳門》，華僑志編纂委員會，1964 年 5 月。

31. 張俊義、劉智鵬，《中華民國專題史（17）香港與內地關係研究》，南京：南京大學，2001 年 3 月。

32. 黃慰慈，《濠江風雲兒女》，澳門：澳門星光書店，1990 年。

33. 黃漢強、吳志良，《澳門總覽》，中國友誼出版公司，1994 年 5 月。

34. 黃德鴻，《澳門新語》，澳門：澳門成人教育學會，1996 年 12 月。

35. 黃啟臣，《澳門通史——遠古——1998》，廣州：廣東教育出版，1999 年 5 月。

36. 黃鴻釗，《澳門史》，福建：福建人民出版社，1999 年 11 月。

37. 黃就順，《澳門的天地人》，澳門：澳門歷史教育學會，2011 年 8 月。

38. 馮漢樹，《澳門華僑概況》，澳門：華僑協會總會，1988 年 11 月。

39. 港澳與近代中國學術研討會論文集編輯委員，《港澳與近代中國學術研討會論文集》，臺北：國史館，2000 年

40. 傅玉蘭，《抗戰時期的澳門》，澳門：文化局澳門博物館，2001 年。

41. 溫美平，《澳門歷史演義》，浙江：浙江人民出版社，1999 年 6 月。

42. 溫春來，《澳門傳奇》，廣州：廣東經濟出版，1999 年 11 月。

43. 溫學權，楊珮欣，《會史留聲：澳門中華教育會口述歷史》，澳門：澳門理工學院，2015。

44. 鄧開頌、謝後和，《澳門歷史與社會發展》，珠海：珠海出版社，1990 年 10 月。

45. 鄧開頌、余思偉、陸曉敏，《澳門滄桑》，珠海：珠海出版社，1999 年 4 月。

46. 鄧開頌，《九九歸一》，北京：北京文獻出版社，1999 年 9 月。

47. 鄧開頌、吳志良、陸敏，《粵澳關係史》，北京：中國書店，1999 年 12 月。

48. 鄧曉，《粵港澳近代關係史》，廣州：廣東人民出版社，1996 月 6 日。

49. 齊中風，《中日經濟中的走私活動 1937～1945》，北京：人民出版社，2002 年。

50. 趙鑫珊，《澳門新魂》，中國：百花文藝出版社，2006 年 6 月。

51. 蔡珮玲，《口述歷史：抗日戰爭時期的澳門》，澳門：澳門東亞大學公開學院同會，2005 年。

52. 蔣建成，《澳門》，珠海：珠海出版社，1999 年 1 月。

53. 廣東省政協文史資料研究委員會，《創業者的足跡·港澳海外企業家創業史》，廣東人民出版社，1992 年 9 月。

54. 廣東省政協文化和文史資料委員會，《廣東文史資料精編（上編）第一卷民國時期政治篇》廣州：中國文史出版社，2008 年 12 月。

55. 澳門培正史學學會，《紅藍史地 95》（4），澳門：澳門培正中學，1995 年 12 月。

56. 黎小江、莫世祥，《澳門大辭典》，廣州：廣州出版社，1999 年 9 月。

57. 鍾國豪、戴裔煊，《澳門歷史綱要》，知識出版社，1999 年 4 月。

58. （日）和仁廉仁、張宏艷，《歲月無聲——一個日本人追尋香港日佔史跡》，花樹千出版社，2013 年 10 月 1 日。

59. （澳）杰弗里·C·岡里（Geoffrey C.Gunn（18）《澳門史 1557～1999》，秦傳安譯，中央編輯出版社，2009 年 3 月。

60. （葡）古萬年（Custódio N. P. S. Coǹim）、戴敏麗，《澳門及其人口演變五百年（1500～2000 年）——人口、社會及經濟探討》（中文版），澳門：澳門統計暨普查司，1998 年。

61. （葡）施白蒂（Beatriz Basto da Silva），金國平譯《澳門編年史 1900～1949》，澳門：澳門基金會，1999 年。

62. （葡）施白蒂（Beatriz Basto da Silva），金國平譯《澳門編年史·二十世紀》，澳門：澳門基金會，1999 年。

63. （葡）施利華（Antonio de Andrade e Silva），《戰時我在澳門的日子》，澳門：澳門文化學會和海事博物館，1999 年。

64. 費成康，《澳門：葡萄牙人逐步占領的歷史回顧》，上海：上海社會科學出版社，2004 年 8 月。

65. John Pownall Reeves, The Lone Flag: Memoir of the British Consul in Macao during World War ll, Hong Kong University, 2014

四、論文

1. 王熹，〈"史料與視角：抗日戰爭史研究的傳統與創新"〉學術研討會綜述，《抗日戰爭研究》，（北京，2016）。

2. 白爽，〈抗戰時期澳門鏡湖醫院和同善堂的救亡賑難活動〉，《澳門研究》，69（澳門，2013 年 6 月 1 日）。

3. 伍依麗、盛海輝，〈撫膺每覺心還熱——記抗日志士、文化名人歐初〉，《源流》，2013 年 3 期。

4. 吳志良，〈從政治發展看澳門歷史分期〉，《澳門研究》，6（澳門，1997年 6 月 1 日）。

5. 呂志鵬，〈抗戰時期澳門經濟發展與社會救亡運動〉，廣州：暨南大學碩士論文，2004。

6. 李昆明，〈抗日戰爭時期澳葡政府的「中立」政策研究（1937～1945）〉，暨南大學碩士論文，2007 年。

7. 房建昌，〈從日本駐澳門領事館檔案看太平洋戰爭爆發後日寇在澳門的活動〉，《中山文史》45，（中山，2006 年）。

8. 林發欽，〈口述歷史視野下抗戰時期的澳門社會〉，《澳門研究》77（澳門，2015 年 8 月 1 日。

9. 吳淑鳳，〈伸張正義？——戰後引渡逃匿澳門漢奸（1945～1948）〉，《國史館》，1（台北：2001 年 12 月）。

10. 查燦長，〈抗日戰爭時期的澳門報業〉，《貴州社會科學》，3（貴州，2003年 5 月）。

11. 陳錫豪，〈抗日戰爭時期的澳門〉，華南師範大學碩士論文，1998 年。

12. 陳敏，〈戰後澳門肅奸風波與高可寧案探析〉，《澳門研究》78，（澳門，2015 年 9 月 1 日）。

13. 陳樹榮，〈抗日戰爭中的澳門〉，《澳門中文版雙月刊》107，（澳門，2015年 9 月）。

14. 莫世祥，〈抗日時期的中葡交涉—蔣介石與國府高層處理澳門事項的內幕透視〉，《澳門研究》83（澳門，2016 年 12 月 1 日）。

15. 張量，〈澳門同胞支援祖國抗戰初探——兼談抗戰時期中國共產黨在澳門的活動〉，《抗日戰爭研究》，1（北京，2003）。

16. 張曉輝，〈抗戰前期澳門的經濟社會（1937.7～1941.12）〉，《民國檔案》，（南京，2005 年 3 月）

17. 張琹，〈何賢一舉成名解決鈔票〉，《澳門中文版雙月刊》107，（澳門，2015

年9月）。

18. 婁勝華，〈澳門救亡賑難社團的興盛與轉折（1931～1945）〉，《文化雜誌》（中文版），63（澳門，2007年夏季刊）。

19. 彭蕙，〈16～19世紀澳門和帝汶關係研究〉，廣州：暨南大學博士論文，2007。

20. 黃鴻釗，〈有關抗日戰爭後收回澳門的問題〉，《澳門研究》26（澳門，2005年2月1日）。

21. 黃鴻釗，〈抗日烽火中的濠江兒女〉，《文化雜誌》（中文版）77，（澳門，2010年冬季刊）。

22. 馮翠，〈抗戰時期澳門華商的慈善活動〉，《澳門研究》78（澳門，2015年9月1日）。

23. 馮翠，〈抗日戰爭時期澳門難民危機及其應對〉，《澳門研究》83（澳門，2016年12月1日）。

24. 馮翠、夏泉，〈本土之外：澳門抗日戰爭研究述評〉，《民國檔案》，（南京：2013年3月）。

25. 葉美蘭，〈略論抗日戰爭時期的澳門〉，《民國檔案》，（南京：1999年4月）。

26. 齊春風，〈抗日時期日本在港澳灣地區的走私活動〉，《中國邊疆史地研究》，13卷3期，（北京：2003年9月）。

27. 澳門大學澳門研究中心編輯部，〈不忘歷史，紀念抗日戰爭勝利60週年〉，《澳門研究》，29（澳門：2005年8月）。

28. 羅祖寧，〈珠澳攜手抗戰史話——華南抗戰史上的重要一頁〉，《紅廣角》，（廣東，2016年3期）。

29. 鍾子程，〈抗日戰爭時期澳門的難民救濟工作研究〉，廣州：暨南大學碩士論文，2007年5月。

30. （日）宜野座伸治，〈太平洋戰爭時期的澳日關係——關於日軍不佔領澳門的初步考察〉，《澳門研究》，5（澳門，1997年1月1日）。

31. （澳）Geoffrey C. Gunn 撰　貢曉靜譯，〈戰時澳門文獻——來源與解讀〉，《澳門研究》79期（澳門，2015年12月1日）。

32. RICARDO PINTO，鄧耀榮譯，〈中立區的炮火〉，《澳門雜誌》2，（澳門，1997年9月）。

五、特刊

1. 澳門日報，《澳門日報》「澳門與抗日戰事」特刊（1），2015。
2. 澳門日報，《澳門日報》「澳門與抗日戰事」特刊（2），2015。

3. 澳門日報，《澳門日報》「澳門與抗日戰事」特刊（3），2015。
4. 澳門日報，《澳門日報》「澳門與抗日戰事」特刊（4），2015。
5. 澳門日報，《澳門日報》「澳門與抗日戰事」特刊（5），2015。
6. 澳門日報，《澳門日報》「澳門與抗日戰事」特刊（6），2015。
7. 澳門日報，《澳門日報》「澳門與抗日戰事」特刊（7），2015。

六、報紙

1. 《新華日報》（重慶）
2. 《中央日報》（重慶）
3. 《大公報》（重慶）
4. 《華僑報》（澳門）
5. 《大公報》（漢口）
6. 《大眾報》（澳門）

七、網站

1. 廣州文史 http://www.gzzxws.gov.cn/
2. 澳門歷史檔案 http://www.archives.gov.mo/cn/
3. 中山僑刊 http://www.zsnews.cn/zt/zsqwj/QiaoKan_index.asp